우리 역사를 움직인 말

딱 한마디 한국사

천개의지식 07

딱 한마디 한국사 아침독서신문 선정, 경기도학교도서관사서협의회 추천

펴낸날 초판 1쇄 2019년 9월 16일 | 초판 5쇄 2025년 1월 1일

글 이보림 | 그림 이은주 | 감수 신봉석

책임편집 송진아 | 디자인 손미선 | 홍보마케팅 이귀애 이민정 | 관리 최지은 강민정

펴낸이 최진 | 펴낸곳 천개의바람 | 등록 제406-2011-000013호

주소 서울시 영등포구 양평로 157, 1406호

전화 02-6953-5243(영업), 070-4837-0995(편집) | 팩스 031-622-9413

사진자료 국립중앙박물관, 문화재청, 연합포토, 전쟁기념관

ⓒ이보림 · 이은주, 2019 | ISBN 979-11-90077-19-4 43910

이 도서의 국립중앙도서관 출판시도서목록(CIP)은 서지정보유통지원시스템 홈페이지(http://seoji.nl.go.kr)와
국가자료공동목록시스템(http://www.nl.go.kr/kolisnet)에서 이용하실 수 있습니다. (CIP 제어번호: CIP2019033505)

＊잘못 만든 책은 구입하신 서점에서 바꾸어 드립니다. 천개의바람은 환경을 위해 콩기름 잉크를 사용합니다.

＊종이에 베이거나 긁히지 않도록 조심하세요. 책 모서리가 날카로우니 던지거나 떨어뜨리지 마세요.

제조자 천개의바람 **제조국** 대한민국 **사용연령** 11세 이상

우리 역사를 움직인 말

딱
한마디
한국사

이보림 글 | 이은주 그림 | 신봉석 감수

천개의바람

차 례

여러분은 누군가의 말 한마디가 기억에 남은 적이 있나요? 아니면 우연히 본 글귀에 마음을 빼앗겨 본 적이 있나요?

어떤 말이나 글 한마디가 특별히 마음에 남았다면, 그건 여러분에게 그 말이나 글이 남다른 의미를 주었기 때문일 거예요.

역사의 중요한 순간이나 변화의 고비에서도 기억에 남는 '한마디'를 만날 때가 있어요. 그 한마디는 나라를 세우는 이념을 나타내기도 하고, 노래나 시의 구절일 때도 있어요. 죽기 전에 남기는 말이거나 어떤 선언, 주장일 때도 있으며, 다짐이나 소망을 담은 말일 때도 있지요.

이 책에서는 그러한 역사 속의 '한마디'를 통해 우리나라 역사에서 되새길 만한 순간들을 찬찬히 들여다보려고 해요.

우리 역사의 시작을 알리는 '홍익인간'에서부터 백 년 전의 뜨거운 외침인 '대한 독립 만세'에 이르기까지, 모두 열다섯 가지의 역사 속 '한마디'를 살펴볼 거예요.

왜 그런 한마디가 탄생하게 되었는지, 그 말이 어떤 사건으로 이어졌는지, 이야기를 하나하나 따라가다 보면 자연스럽게 우리 역사의 흐름을 알 수 있을 거예요. 그렇게 알아가다 보면, 어느 순간 여러분 마음에 특별히 새겨지는 역사의 말 한마디가 생길지도 몰라요.

이 책에 다 담지 못한 우리 역사의 '한마디'는 과거 곳곳에 살아 숨 쉬고 있어요. 과거뿐만 아니라 현재 이 순간에도 역사적인 한마디는 누군가의 입을 통해서 또는 글을 통해서 만들어지고 있답니다. 역사는 우리가 사는 모든 순간이니까요.

또 누가 알아요? 어느 날 여러분의 말 한마디가 역사의 중요한 순간을 대표하는 말이 될지.

여러분의 생각과 말이 훗날 역사의 변화를 이끄는 중요한 '한마디'가 될 수 있어요. 정말로 그렇다니까요!

널리 인간을 이롭게 하라

　우리나라에는 언제부터 사람이 살기 시작했을까요? 상상도 안 될 만큼 아주 머나먼 옛날 일이라 정확하게 알 수는 없어요. 하지만 여러 곳에서 발견된 유물로 미루어 볼 때, 기원전* 70만 년 전쯤부터 돌로 도구를 만들어 사냥을 하며, 동굴에 살았다고 해요. 이때를 '구석기 시대'라고 하지요. 그러다 기원전 8000년 전쯤부터는 좀 더 정교한 도구를 만들어 쓰고 농사를 짓기 시작한 '신석기 시대'를 거쳐 기원전 2300년경 우리나라 최초의 나라 '고조선'이 세워졌어요. 고려의 일연 스님이 쓴 역사책 《삼국유사》에는 단군왕검이 고조선을 세운 이야기가 실려 있지요.

* 기원전 예수가 태어난 해를 기준으로, 그 이전을 말해요. '서기전', 'BC'로 쓰기도 하지요.

까마득하게 먼 옛날, 하늘을 다스리던 환인에게 아들이 하나 있었어요. 환인의 아들 환웅은 하늘 아래의 인간 세상을 종종 내려다보며 사람들 사는 모습에 마음을 빼앗기고는 했지요. 환인은 그런 아들의 마음을 알아채고는 이렇게 말했어요.

"아들아, 천부인 셋을 줄 터이니, 이것을 가지고 땅으로 내려가 인간 세상을 잘 다스려 널리 이롭게 하여라."

천부인은 하늘이 내려 준 보물이자 증표 같은 거예요. 그걸 가지고 있으면 '저이는 하늘이 내린 특별한 존재구나.' 라고 인정할 수밖에 없지요.

그렇게 환웅은 무리 3천 명을 거느리고, 땅 위에 우뚝 솟은 태백산 꼭대기로 내려왔어요. 태백산 꼭대기에는 하늘과 땅을 이어 주는 신성한 나무인 신단수가 서 있었어요. 환웅은 신단수 아래에 새로운 하늘 마을인 신시를 세우고, 그곳을 다스리는 왕이 되었지요.

환웅은 바람, 비, 구름을 다스리는 신하를 두어 자연을 다스렸어요.

왜 하필 바람, 비, 구름일까요? 바람이 불고 구름이 몰려와 비가 충분히 내려야, 농작물이 쑥쑥 자라서 농사가 풍년을 맞을 테니까요. 환웅은 자연과 곡식, 먹을거리뿐만 아니라 생명과 질병, 죄와 벌, 선과 악 등 인간 사회의 온갖 일을 맡아 사람들을 다스렸어요. 그리고 세상이 좋은 방향으로 나아가도록 이끌었지요.

마침 어느 굴에 살던 곰과 호랑이가 환웅에게 찾아가 빌었어요.

"저희도 제발 사람이 되게 해 주십시오."

환웅은 곰과 호랑이에게 쑥과 마늘을 한 움큼씩 주면서 말했어요.

"너희가 이것만 먹으며 100일 동안 햇빛을 보지 않는다면 사람이 될 수 있을 것이다."

햇빛 한 줄기 비치지 않는 곳에서 쑥과 마늘만 먹으며 버티는 것이 쉬운 일은 아니었을 거예요. 그래도 곰은 잘 견디어 21일 만에 여자의 몸이 되었지요. 하지만 호랑이는 사람이 되지 못했어요.

여자가 된 곰은 '곰 웅(熊)', '여자 녀(女)' 자를 써서 '웅녀'라고 했어요. 웅녀는 아이를 낳고 싶어서 신단수 아래에서

단군이 제단을 쌓아 하늘에 제사를 지내던 곳으로 알려진 참성단이에요. 인천광역시 강화군 마니산에 있어요.

아기를 갖게 해 달라고 기도했어요. 이 모습에 환웅은 잠시 사람이 되어 웅녀와 혼인했고, 웅녀는 그토록 바라던 아기를 가져 아들을 낳았어요. 이 아들이 바로 우리 겨레의 시조인 '단군왕검'이에요.

단군왕검은 도읍을 세우고 나라 이름을 '조선'이라고 했어요.

그런데 우리가 흔히 아는 '조선'은 고려 왕조 다음에 이성계가 세운 나라잖아요? 이 '조선'과 단군왕검이 처음 세운 '조선'은 달라요. 중국에서 건너온 위만이 다스렸던 '조선'과 단군왕검이 처음 세

'단군'은 하늘에 지내는 제사를 주관하는 제사장을 뜻하고, '왕검'은 나라를 다스리는 사람을 뜻해요. 그러니 '단군왕검'은 제사장과 나라 다스리는 일을 모두 맡아 하던 최고의 지배자를 뜻하지요.

운 '조선'을 구분하기 위해서, 단군왕검이 세운 우리 역사 최초의 나라는 옛 고(古) 자를 붙여 '고조선'이라고 부르는 거예요.

단군왕검은 1,500년 동안 나라를 다스렸고, 1,908세에 산신이 되었다고 해요. 1,908세라니 거짓말 같다고요? 그런데 만약, 단군왕검이 한 사람을 일컫는 게 아니라 최고 우두머리를 상징하는 말이라면, 여러 단군왕검들이 대를 이어 가며 나라를 다스린 시간을 뜻한다면 납득할 수 있을 거예요. 사실 단군왕검 이야기는 좀 터무니없고 믿기 힘든 이야기로 들릴지도 몰라요. 하지만 오래전부터 전해 내려온 이런 이야기에는 어떤 진실이 숨어 있지요. 곰이 사람이 돼서 환웅과 혼인했다는 이야기를 어떻게 받아들여야 할까요?

옛날에는 특정한 동물을 섬기는 신앙이 있었어요. 숭배하는 동물이 그 부족을 상징하기도 했지요. 옛날, 곰을 섬기는 부족과 호랑이를 섬기는 부족이 한 지역에 있었는데, 어느 날 그곳에 스스로 하늘의 자손이라고 믿는 새로운 무리가 나타난 거예요. 곰 부족은 어려운 과정을 겪으면서 새로운 무리와 하나가 되었고, 호랑이 부족은 그러지 못

고조선에도 법이 있었다고요?
중국의 옛 역사책에 남아 있는 기록에 의하면 고조선에는 사회 질서를 유지하기 위한 8개의 법이 있었다고 해요. 그중 사람을 죽인 자는 사형에 처한다는 법, 남을 다치게 한 자는 곡식으로 갚아야 한다는 법, 도둑질을 한 자는 도둑질한 집의 노비가 되어야 한다는 법. 이 세 가지만 전해져요. 이것만으로도 고조선이 어떤 사회였는지 짐작할 수 있겠지요?

했어요. 그렇게 하나가 된 집단은 나라를 세웠고, 새로 탄생한 나라의 우두머리가 바로 단군왕검이라는 것이지요.

단군왕검이 고조선을 세운 이래로 수천 년이 흘렀어요. 그동안 얼마나 많은 일들이 있었을까요? 그 역사를 거슬러 오르고 오르면 바로 이 이야기, 단군 신화를 만나게 돼요. 그리고 그 시작을 여는 중요한 한마디가 있지요.

'홍익인간, 널리 인간을 이롭게 하라.'

환웅이 인간 세상에 내려온 것도, 단군이 나라를 세워 다스린 것도 모두 널리 인간을 이롭게 하기 위한 일이에요. 어쩌면 우리의 진짜 뿌리는 단군도 웅녀도 환웅도 아닌, 그 한마디에 있는 것 아닐까요?

고조선은 어떤 나라였을까요?

옛날 역사책 《삼국유사》에는 기원전 2,300년 무렵에 처음 고조선이 세워졌다고 기록되어 있는데, 고조선은 청동기 문화를 바탕으로 세워진 나라예요. 고조선이 있던 지역으로 추정되는 곳에서는 다양한 청동기 유물이 발굴되었지요. 고조선은 청동기 시대부터 철기 시대까지 있었던 나라이지만, 아직 알려지지 않은 것투성이에요. 고조선 사람들은 마을을 이루어 살며, 농사를 짓고 가축을 길렀어요. 옷과 신발을 만들어 입고, 신석기 시대의 움집보다 땅 위로 좀 더 올라온 집을 짓고 살았지요. 청동기 시대에는 농사나 생활 속에서 여전히 돌로 만든 도구들을 사용했지만, 전쟁에 필요한 무기나 하늘에 제사를 지내는 신성한 도구들은 청동으로 만들었어요. 청동으로 만든 검, 청동 거울이나 방울 같은 장신구는 힘이 있는 지배자나 지닐 수 있는 것들이었지요.

청동기 유물들

청동 방울의 하나인
팔주령

청동 방울의 하나인
쌍두령

청동기 시대의
거친무늬 거울

화순 대곡리에서 발굴된 청동 검

거북아 거북아 머리를 내어라

청동기 시대부터 철기 시대 사이에는 한반도 이곳저곳에 작은 나라들이
세워졌고, 주변의 나라들과 힘을 겨루었어요. 최초의 나라인 고조선 이후
에는 부여, 고구려, 동예, 옥저, 삼한 등의 나라가 생겨났지요. 고구려가
부여, 동예, 옥저를 정복하면서 강한 나라가 되고 백제와 신라가 세워져
각각 힘을 키우면서 '삼국 시대'가 펼쳐진 거예요. 그런데 이때 고구려, 백
제, 신라만큼이나 중요한 나라가 또 있었는데, 바로 '가야'예요.

왜

아마 잘하든 못하든, 노래를 싫어하는 친구들은 별로 없을 거예요. 왜 많은 사람들이 노래 부르거나 듣는 것을 좋아할까요? 사실 노래는 사람들의 어떤 본능 같은 거예요. 아주 먼 옛날부터 사람들은 기쁠 때나 슬플 때, 뭔가를 애타게 그리거나 바랄 때 노래를 불러 왔어요.

우리 역사 속에도 노래와 관련된 흥미로운 이야기가 많아요.

낙동강이 바다로 흘러드는 곳에 '김해'라는 곳이 있는데, 김해에는 '구지봉'이라는 나지막한 산이 있어요. 꼭 거북 머리 모양처럼 생긴 산인데, 지금으로부터 대략 2천 년 전에 그곳에서 아주 기이한 일이 일어났어요.

어느 봄날이었어요. 그날은 마을의 재앙이나 불운을 내쫓고 신에게 복을 비는 큰 제사가 있었지요. 수백 명이 모여 제사를 지내는데, 북쪽에 있는 구지봉에서 이상한 소리가 들려오는 거예요.

"이게 무슨 소리지? 사람 소리인가?"

"가 보세! 어서 가 보세!"

그렇게 이끌리듯 구지봉에 올랐더니, 아무도 없고 이런 소리가 들려왔어요.

"여기에 사람이 있느냐?"

마을의 우두머리인 아홉 명의 '간'이 대답했어요.

"우리가 있소."

"내가 있는 곳이 어디냐?"

"구지입니다."

그러자 다시 소리가 들려왔어요.

"하늘이 내게 명하기를 이곳에 와서 새로 나라를 세우고 임금이 되라고 하였기에 여기에 왔다. 그러니 너희는 산봉우리의 흙을 파면서 노래를 불러라. 노래하면서 춤추면 곧 왕을 맞이하리라."

사람들은 이 말에 따라 흙을 파면서 노래하고 춤추었어요.

거북아 거북아 머리를 내어라.
내놓지 않으면 구워서 먹으리.

거북은 예부터 영묘하고 신비로운 동물로 여겨 온 동물이에요. 지금도 거북은 장수와 복, 지혜와 예언 같은 걸 상징하지요. 묘한 생김새에다 물과 땅을 오가는 존재라서 옛사람들은 거북을 신령스러운 매개자로 여겼을 거예요. 그런 거북에게 '머리'를 내놓으라는 건 무슨 뜻이었을까요? 맞아요! 으뜸가는 우두머리, 왕을 내어 달라는 뜻이었을

거예요. 구워서 먹겠다는 으름장은 무엇일까요? 아마도 그만큼 절실하다는 표현 아니었을까요?

아니나 다를까 그렇게 구지봉에서 노래와 춤이 한바탕 벌어지자, 하늘에서 자줏빛 줄이 척 내려와 땅에 닿았어요. 줄 끝을 보니 붉은 보자기에 싼 황금 상자가 있었지요. 조심스럽게 상자를 열어 보니 해처럼 둥근 황금빛 알 여섯 개가 들어 있었어요. 사람들은 놀라서 모두 엎드려 절을 한 다음, 상자를 도로 싸서 아홉 명의 간 중에 한 사람의 집에 잘 가져다 놓고 흩어졌어요.

며칠 후, 상자를 열어 보니 알에서 한 어린아이가 태어났어요. 그리고 나머지 다섯 알에서도 차례로 어린아이가 태어났지요. 가장 먼저 나온 아이는 '처음 나타났다'는 뜻으로 '수로'라는 이름을 갖게 되었어요. 수로는 그곳의 왕이 되었고, 나라 이름을 '금관가야'라고 했어요. 나머지 다섯 아이도 저마다 다른 곳에서 왕이 되었는데, 이들이 다스린 여섯 나라를 통틀어 '가야'라고 해요.

가야는 여러 작은 나라들이 모여서 이루어진 연맹 왕국이었어요. 김해의 금관가야가 중심이 돼서 연맹국을 이끌었지만, 연맹 왕국을 이룬 여섯 개의 가야마다 통치자가 있었고 각 나라는 독자적으로 운영되었지요.

이들 가야가 자리한 낙동강 유역은 살기 좋은 땅이었어요. 물이 풍부하고 땅이 기름진 데다 날도 따뜻해서 일찍부터 벼농사가 발달했지요. 또 질 좋은 철이 많이 나서 철로 단단하고 우수한 무기와 농기구 등을 많이 만들어 냈어요. 그리고 뱃길을 통해 철을 중국이나 일본 같은 외국에 수출하기도 했어요. 그러나 한창 번성하던 가야는 6세기 중엽, 신라의 공격에 무너지고 말아요. 5백년 역사를 간직한 채 가야는 그렇게 사라졌지요. 대신 가야를 흡수한 신라는 그 이후

철을 수출해 부유해진 가야는 독창적이고도 화려한 철기 문화를 꽃피운 나라예요.

철로 만든 가야의 갑옷이에요.

고구려, 백제와 어깨를 겨눌 수 있게 되었어요.

가야는 비록 작은 나라였지만, 존재한 기간으로 보나 우리 역사에서 차지하는 중요도로 보나 결코 만만한 나라가 아니에요. 더 강력한 중앙 집권 국가로 발돋움하지 못하고 무너졌지만, 가야의 뛰어난 기술과 문화는 신라와 일본으로 전해져 많은 영향을 끼쳤거든요.

가야의 오리 모양 그릇이에요. 제사를 지낼 때나 물과 관련된 의식을 치를 때 썼을 것으로 여겨져요.

가야의 집 모양 토기예요. 초가집에 굴뚝이 있는 모양으로, 살림집의 형태로 생각돼요.

만약 가야가 연맹 왕국이 아닌 하나로 통일되어 더 강력한 힘을 지닌 나라가 되어 신라에게 정복 당하지 않았다면, 고구려, 백제, 신라의 '삼국 시대'가 아닌 고구려, 백제, 신라, 가야가 어깨를 나란히 한 '사국 시대'라고 했을 거예요.

그래도 왕을 바라는 저 강렬한 노래를 다시 떠올려 보면, 가야는 그 시작부터 남다른 존재감을 보여 주는 나라임에는 틀림없지요?

나라를 세운 왕들은 왜 알에서 태어났다고 전해질까요?

알에서 태어난 수로왕 이야기는 《삼국유사》에 기록되어 있어요. 고구려를 세운 주몽, 신라를 세운 박혁거세도 알에서 태어났다고 전해지지요. 왜 나라를 세운 왕들이 알에서 태어났다고 전해지는 걸까요? 알에서 태어났다고 하면 이상하고도 신비롭게 느껴져서, 그 인물이 얼마나 특별한 인물인지를 나타낼 수 있기 때문이에요. 더구나 알이 하늘에서 내려온다든가, 둥근 해와 닮은 알이라는 등의 이야기는 알에서 태어난 주인공이 얼마나 위대하고 신성한 존재인지를 나타내지요. 한편, 알을 깨고 세상 밖으로 나왔다는 것은 새로운 세상, 곧 새 나라를 연다는 것을 상징적으로 나타내는 것이기도 해요.

고구려 주몽의 건국 신화

주몽은 천제의 아들 해모수와 하백의 딸 유화 사이에 태어났어요. 동부여의 금와왕이 우연히 만난 유화를 궁궐에 데려왔는데, 유화가 큰 알을 하나 낳았어요. 금와왕은 알을 버렸지만 짐승들은 피하고, 새가 와서 날개로 덮어 주었지요. 알을 깨려 해도 깨지지 않자 금와왕은 유화에게 알을 돌려주었어요. 유화가 알을 잘 싸서 따뜻한 곳에 두었더니, 마침내 껍질을 깨고 어린아이가 태어났어요. 아이는 자라서 활을 잘 쏘아 '주몽'이라고 불렸지요. 주몽은 자신을 죽이려는 금와왕의 아들들을 피해 남쪽으로 향했고, 졸본에 터를 잡은 뒤 고구려를 세웠어요.

신라 박혁거세의 건국 신화

삼한 중 하나인 진한 땅에는 마을이 여러 개가 있었어요. 그중 한 마을의 우두머리가 어느 날 '나정'이라는 우물 옆에 흰말이 앉아 있는 것을 보았지요. 이상해서 가 보니 말은 사라지고 자줏빛의 큰 알이 놓여 있었는데, 알에서 어린아이가 나오지 않겠어요? 아이의 이름을 '혁거세'라 하고, 태어난 알이 박처럼 생겨서 성을 '박'이라고 했어요. 이를 신기하게 여긴 마을 사람들은 박혁거세가 열세 살이 되자 왕으로 모셨고, 이 마을은 '신라'라는 나라로 발전했답니다.

싸움에 이겨 공이
이미 높으니 만족함을 알고
그만두는 게 어떠하오

고구려, 백제, 신라 이 세 나라가 강한 나라로 성장하며 서로 치열하게 다투던 삼국 시대의 고구려는 한때 동북아시아를 장악할 만큼 거대한 영토를 차지했어요. 당시는 이웃 나라인 중국도 여러 나라로 나뉘어 서로 더 많은 영토를 차지하려고 다툴 때였지요. 삼국은 중국과 통하는 길이 되는 한강을 차지하기 위해 치열하게 다투었고, 고구려는 중국에 사신을 보내는 등 외교에 힘을 쏟았어요. 그러다 고구려가 중국의 수나라, 당나라와 70년이나 되는 길고도 큰 싸움을 하게 되지요.

　서울에 있는 '을지로', '충무로', '퇴계로'라는 길 이름을 들어 본 적이 있나요? 도심을 가로지르는 이 큰길들의 이름은 사실 역사 속 인물에서 따온 거예요. 충무로는 충무공 이순신, 퇴계로는 퇴계 이황. 그러면 을지로는 누구의 이름을 따온 것일까요? 맞아요, 바로 을지문덕 장군의 성에서 따온 거예요. 을지문덕은 고구려의 장수로, '살수대첩'이라는 아주 큰 전쟁을 이끈 장군으로 유명해요.

　사실 을지문덕이란 인물이 언제 태어나고 죽었는지, 어떤 집안 출신인지 정확히 알려진 건 없어요. 역사에 등장하는 시기는 7세기 초, 고구려 영양왕 때뿐이지요. 당시 고구려는 중국의 수나라와 한판 대결을 벌이는 중이었어요. 수나라는 오랫동안 어지럽게 나뉘어 있던 중국을 통일한 대제국이었는데, 고구려는 그런 수나라에 강력히 맞서기로 했지요.

　612년, 수나라의 두 번째 황제인 양제는 어마어마한 대군을 이끌고 고구려에 쳐들어왔어요. 병사의 숫자가 무려 백만 명이 넘었고, 군량과 물자를 나르는 인원까지 합하면 족히 2~3백만 명은 되었을 거라고 해요. 이 어마어마한 숫자에도 고구려는 두려워하지 않았어요. 고구려 사람들은 식량과 필요한 물품들을 모두 성안에 옮겨 두고, 적군이 식량으로 쓸 수 없게 남은 곡식들은 모조리 불태워 버렸어요. 그리고 서둘러 짐을 꾸려 산성으로 올라갔지요.

이제 남은 건 산성에서의 시간 싸움이었어요. 시간을 끌면 끌수록 더 초조하고 지치는 건 밖에서 공격하는 쪽일 수밖에 없었지요. 수나라는 대규모 군대로 밀어붙여서 전쟁을 빨리 끝내고 싶어 했지만 고구려 산성은 쉽게 무너질 만큼 호락호락하지 않았어요. 성이 높기도 높은 데다 흙과 돌로 다진 이중 성벽이라 아주 단단했거든요. 또 성안에는 오랜 싸움에도 잘 버틸 수 있게 우물이나 샘 같은 물 공급처가 있었고, 평상시에 식량을 모아 두었던 창고도 있었어요. 그리고 무엇보다 결사적으로 성을 지키는 고구려인들이 있었지요. 고구려 성은 한마디로 난공불락! 수나라군은 수개월 동안 아무런 성과도 없이 힘만 빼고 있었던 거예요.

"안 되겠다. 당장 수도로 밀고 들어가 곧바로 평양성을 쳐라!"

황제의 명령에 따라 정예 군사 30만 명으로 된 별동대가 꾸려졌고, 수나라 장수 우문술과 우중문이 이들을 이끌었어요. 고구려군을 총 지휘하는 을지문덕은 수도로 진격해 오는 이 별동대를 직접 상대하기로 했어요.

을지문덕은 우선 왕의 사신이 되어 적의 진영에 직접 찾아갔어요. 임금의 명령으로 항복하는 것처럼 했지만, 실은 적군이 어떤 상태인지 살피려는 거였지요.

"을지문덕을 잡아 둬야 한다."

"안 됩니다. 사신으로 온 자를 잡아 가두는 건 법도가 아닙니다."

수나라군 지휘부의 엇갈리는 의견 속에서 결국 을지문덕은 무사히 돌아왔어요. 덕분에 을지문덕은 적의 형편이 어떤지 충분히 알아차리고 위기를 면할 수 있었지요.

얼마 뒤 수나라 장수들의 의견이 다시 엇갈렸어요. 우문술은 식량이 다 떨어졌으니 그만 돌아가자고 했고, 우중문은 정예 부대로 공격하면 이길 수 있다고 한 거예요.

"이 많은 병력을 이끌고 저 적은 수의 적도 무너뜨리지 못하면 무슨 낯으로 황제를 뵙겠소?"

우중문이 이렇게 화를 내자, 우문술은 마지못해 따를 수밖에 없었어요. 30만 별동대는 을지문덕의 군사들을 추격하기 시작했어요.

고구려를 공격한 당나라

살수 대첩 이후 번번이 고구려 공격에 실패한 중국의 수나라는 결국 망하고, 새로이 당나라가 들어섰어요. 살수 대첩 이후 30년도 넘게 흐른 어느 날, 당나라 태종은 10만 대군으로 고구려를 쳐들어와 요동반도에 있던 안시성을 둘러쌌어요. 하지만 성안의 군사와 백성들이 하나되어 맞서 싸운 결과, 88일 만에 당나라 군대는 물러가고 말았답니다.

"내가 가서 보니 수나라 군사들은 이미 굶주린 기색이 역력하다. 저들에게 일부러 져 주면서 계속 달아나는 척하여라."

을지문덕의 작전으로 수나라 군대는 이윽고 살수(지금의 청천강)를 건너서 평양성 가까이에 이르렀어요. 이때 을지문덕이 우중문에게 시를 한 수 지어 보냈지요.

신기한 책략은 하늘의 이치를 꿰뚫고
오묘한 계산은 땅의 이치를 다 알았구려.
싸움에 이겨 공이 이미 높으니
만족함을 알고 그만두는 게 어떠하오.

을지문덕이 무슨 뜻으로 이 시를 지어 보낸 것인가?

얼핏 보면, 우중문을 치켜세우는 것 같지만, 사실은 우중문이 을지문덕의 작전에 말려들었음을 점잖게 비꼬는 시 같지 않나요?

바닥난 식량과 극도로 지친 군사들, 난공불락의 성, 그리고 을지문덕. 우문술은 고구려와 싸우는 건 이미 승산이 없다는 걸 깨달았지요. 마침 을지문덕이 사람을 보내, 항복할 테니 돌아가라는 뜻을 전하자 우문술은 군대를 철수하기로 했어요.

하지만 바로 이때 을지문덕의 반격이 시작되었어요. 고구려군은 돌아가는 적군을 사방에서 쳤고, 살수에 이른 수나라 군대가 물을 반쯤 건넜을 때 그 뒤를 급작스레 덮쳤어요. 수나라 부대는 순식간에 허물어졌고, 강물은 피로 물들었지요. 살수에서 목숨을 건져 돌아간 병사는 30만 명 중에 고작 2천 7백 명뿐이었다고 해요. 고구려가 대승을 거둔 이 역사적인 싸움이 바로 '살수 대첩'이에요.

을지문덕에 관한 기록은 여기까지예요. 이후 그의 행적은 역사책 어디에도 나오지 않지요. 대단한 영웅치고 우리한테 알려진 게 너무 적어 좀 아쉽다고요? 하지만 이 짧고 굵은 등장만으로도 을지문덕이란 인물의 됨됨이를 알아볼 수가 있어요. 적진 한가운데 몸소 들어가 상대를 파악하는 담대함과 침착함, 냉철한 판단력과 때를 아는 지혜, 단단한 내공에서 나오는 자신감과 여유, 그리고 뛰어난 글솜씨까지 말이에요. 무엇보다 을지문덕과 같은 인물의 활약이 없었다면, 이후 한반도의 운명은 달라졌을지도 몰라요.

고구려는 어떻게 동북아시아의 강대국이 되었을까요?

삼국 중 가장 먼저 나라의 틀을 갖춘 고구려는 주변 나라들을 정복하며 빠르게 발전해 갔어요. 특히 광개토 대왕 때에는 대규모 정복 활동으로 영토를 크게 넓혔지요. 요동을 비롯해 드넓은 만주 땅을 차지하고, 한반도 남부 지역까지 세력을 떨치는 등 5세기 고구려의 전성기를 열었어요.

이러한 광개토 대왕의 업적은 아들 장수왕이 세운 광개토 대왕릉비에 잘 나타나 있어요. 높이 6미터가 넘는 거대한 비석에 고구려의 건국 이야기와 광개토 대왕의 정복 활동 등이 빼곡히 새겨져 있지요.

광개토 대왕의 뒤를 이은 장수왕은 도읍지를 국내성에서 지금의 평양으로 옮기고 남쪽으로 나아갔어요. 백제의 수도를 쳐서 한강 유역을 차지하고 한반도 중부 지역으로 영토를 더욱 넓혔지요. 뿐만 아니라 외교에도 더욱 신경을 쓰며 나라 안팎으로 안정을 다져 강대국으로서의 평화와 전성기를 누렸어요.

천하의 중심이라는 자신감과 당당함으로 똘똘 뭉친 고구려였기에 중국을 통일한 수, 당 제국의 거듭된 침략에도 굽히지 않고 이를 모두 물리칠 수 있었던 거예요.

광개토 대왕릉비와 탁본이에요. 현재 중국의 길림성에 있는 광개토 대왕릉비는 우리나라 비석 중 가장 커요.

살아서 적의 노비가 되느니
차라리 죽는 것이 낫다

고구려가 동북아시아의 최강자로 승승장구할 때, 백제는 너른 평야를 터전으로 풍족한 생활을 이루며 세련되고 우아한 문화와 예술을 꽃피웠어요. 하지만 고구려의 공격으로 수도를 빼앗기지요. 백제는 수도를 옮겨 다시 힘을 키우며 신라와 힘을 합해 빼앗긴 한강 일대를 되찾게 되었지만, 나중에는 당나라와 힘을 합한 신라에게 나라를 빼앗기고 말아요.

고구려에 을지문덕이 있다면, 백제에는 계백 장군이 있어요. 그의 비장한 마지막 이야기는 한번 들으면 좀처럼 잊히지 않지요.

계백은 백제 말기 사람인데, 그의 마지막은 백제의 마지막과도 연결되어 있어요. 백제의 마지막 왕은 의자왕이에요. '의롭고 자애로운 왕'이란 뜻의 의자왕은 왕이 되기 전부터 부모에게 잘하고 형제와 우애가 있어 '해동증자'라고 불렸다고 해요. 증자는 공자의 제자로, 부모를 정성껏 모시고 효를 으뜸으로 여겨 효자의 대명사가 된 인물이거든요. 그런 성인에 빗댄 별명이라니 의자왕에 대한 당시 사람들의 평판이 어땠는지 알 것 같지요?

의자왕은 왕이 된 초기부터 나라를 잘 다스려 뛰어난 능력을 보여 주었어요. 당나라에 사절을 보내고 고구려, 왜와 우호 관계를 맺는 한편, 신라를 공격해서 여러 성을 빼앗았지요. 신라가 백제 때문에 못살겠다고 당나라에 호소할 정도였어요.

그런데 의자왕은 왜 끝내 백제를 지키지 못했을까요? 기록에 의하

백제의 수도가 공주였을 때, 공주를 지키던 공산성이에요. 백제 멸망 직후에 의자왕이 잠시 머물기도 했고, 백제 부흥 운동의 거점이 되기도 했던 곳이지요.

면 의자왕은 말년에 사치와 향락에 빠지고, 충성스러운 신하의 말을 듣지 않았다고 해요.

그러던 660년, 신라가 당나라와 손잡고 백제에 쳐들어왔고, 백제는 우왕좌왕했어요. 어떻게 맞서 싸울지 대책을 빨리 세워야 하는데, 신하들끼리도 의견이 달라 쉽게 결정할 수가 없었지요.

왕이 망설이는 사이에 당나라 군사 13만 명이 바다를 건너 당시 '기벌포'라고 불리던 금강 하구까지 올라왔어요. 엎친 데 덮친 격으로 신라 군사 5만 명도 당나라군과 합세하기 위해 탄현(지금의 대전 부근)을 지났지요. 다급해진 의자왕은 계백을 불렀어요.

"결사대 5천을 이끌고 황산벌에 가서 신라군을 막아 주게."

황산벌은 지금의 충청남도 논산 지역에 있는 벌판이에요. 5천 대 5

만의 싸움. 거기다 밀려오는 당나라 대군까지. 백제의 운명은 그야말로 바람 앞의 등불이었어요. 이런 상황에서 전쟁터로 나가기 전 마지막으로 가족을 보는 계백의 심정은 어땠을까요?

"살아서 적의 노비가 되느니 차라리 죽는 것이 낫다."

계백은 아내와 자식을 자기 손으로 베고는 황산벌로 떠났어요. 지금 생각해도 참담한 일이지요. 계백은 왜 그런 선택을 했을까요? 백제가 싸움에서 이길 수 없고, 자신도 싸우다 죽으면 가족들도 무사하지 못할 걸 알았기 때문일까요? 아니면 돌아갈 데 없이 죽는다는 각오로 싸워야만 적을 물리칠 수 있다고 믿었기 때문일까요?

한 가지 분명한 것은 전쟁은 예나 지금이나 끔찍하게 슬프고 괴로

내가 싸우다 죽으면 가족들은 무사하지 못하리라. 나 또한 죽기를 각오하였다!

운 일이라는 거예요.

황산벌에 이른 백제 결사대는 험한 곳에 진을 치고 신라군과 맞서 싸웠어요. 결사대라는 말 그대로 죽기를 각오한 백제군의 용맹스러움에 기세등등하던 신라군도 주춤했지요.

이때 신라군을 이끈 장수는 김유신이었어요. 당나라군과 약속한 날짜에 사비성(지금의 충청남도 부여)에 도착해야 하는데 황산벌에 발이 묶여 더 나아가질 못하니 답답했겠지요. 이때 김흠순이라는 장군이 아들 반굴에게 나가서 싸우라고 하자, 화랑인 반굴은 용맹스럽게 나아가 싸우다가 죽고 말았어요. 장군 김품일 또한 아들 관창을 불러 용감히 나가 싸우라고 했어요. 열여섯 살의 화랑 관창은 말을 타고 곧장 달려 나가 싸웠지만 이내 붙잡혀 계백 앞에 끌려갔지요.

"투구를 벗겨라!"

앳된 소년의 얼굴이 드러나자, 계백은 관창을 살려 보냈어요. 비록 적군이지만 어리고 용기 있는 것이 가상하여 풀어 준 거예요. 살아 돌아온 관창은 우물물을 떠 마시고는 다시 창을 틀어잡고 백제군을 향해 돌진했어요. 또다시 관창이 잡히자 계백은 결국 관창의 머리를 베어 말안장에 매달아 돌려보냈어요.

어린 화랑의 용기와 죽음, 희생이 신라군을 깨어나게 한 걸까요? 신라군은 새로이 떨쳐 일어나 백제군을 공격했고, 치열한 싸움이 이어졌어요. 백제 결사대는 죽을 힘을 다해 용맹하게 싸웠지만 적은 수의

신라군과 당나라군에 밀려 의자왕은 웅진성으로 몸을 피했지만 많은 사람들이 포로로 잡히거나 죽었는데, 이때 3천 명의 궁녀가 떨어지는 꽃처럼 절벽 아래 강물로 몸을 던졌다는 이야기가 전해지는 '낙화암'이에요. 하지만 그 숫자가 정확히 3천 명이었는지는 아무도 알 수 없지요.

군사로는 더 이상 버틸 수가 없었지요. 결국 힘이 다한 백제의 결사대는 끝내 패하고 말았어요. 계백을 비롯해 결사대 전부가 황산벌에서 싸우다 죽었지요. 이 기세로 신라군은 사비성으로 내달아 당나라군과 만났고, 마침내 백제 도성을 무너뜨렸어요. 의자왕은 지금의 충청남도 공주인 웅진성으로 몸을 피했지만 얼마 못 가서 항복하고 말았어요. 그렇게 백제 7백 년의 역사도 끝이 났지요. 계백의 황산벌 싸움 이후 불과 열흘 만의 일이었어요.

외국과 활발하게 교류한 백제

삼국 중 넓은 평야를 가지고 있던 백제는 농업이 발달했을 뿐만 아니라, 위치 상 중국이나 일본 등의 외국과 교류하기 쉬웠어요. 특히 중국의 문화를 일찍이 받아들이면서 백제 고유의 우아하고 세련된 문화를 꽃피워 나갔지요.

중국으로부터 불교와 유교를 받아들인 백제는 일본에 문화를 전파하며 많은 영향을 주었어요. 백제의 승려 노리사치계는 일본으로 건너가 불교를 전파 했고, 백제의 학자였던 왕인과 아직기는 《천자문》과 《논어》를 전하며 유교와 한자를 전파했어요. 뿐만 아니라 백제의 많은 기술자들이 일본으로 건너가서 불상 만드는 기술, 절 짓는 기술, 공예품 만드는 기술 등을 전했지요.

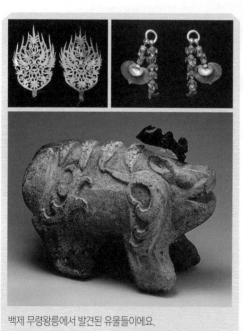

백제 무령왕릉에서 발견된 유물들이에요.

충남 부여군 부여읍 능산리 절터에서 발견된 백제 금동 대향로예요. 중국의 양식을 뛰어넘 어 백제만의 창의성이 돋보이는 작품으로 평 가받고 있어요.

바다의 용이 되어 나라를 지키겠노라

삼국 중에서 가장 뒤늦게 발전한 신라는 진흥왕 때에 이르러서야 비로소 한강 일대를 차지하면서 통일의 기반을 마련해요. 신라에 한강 일대를 빼앗긴 백제가 끈질기게 공격해 오자, 진흥왕의 증손자인 김춘추는 당나라로 가서 함께 힘을 합해 백제를 공격하자고 해요. 결국 신라와 당나라가 손을 잡은 나당 연합군에 의해 백제와 고구려는 무너져 버리지요.

왕이 된 김춘추. 그가 바로 태종 무열왕이에요. 태종 무열왕의 아들 문무왕에 이르러 신라는 통일을 이루게 되지요.

경주에 가면 곳곳에 동산처럼 불룩 솟은 커다란 무덤을 볼 수 있어
요. 신라 천 년의 도읍지답게 신라 왕의 무덤 대부분이 거기에 남아 있
지요. 그런데 독특하게도 땅이 아닌 바다에 묻힌 왕이 있어요. 이 왕
은 이런 유언을 남겼지요.

"나는 죽어서 바다의 용이 되어 나라를 지키겠노라."

바로 문무왕이에요. 문무왕은 유언에 따라 불교식으로 화장되었
고, 동해에 있는 큰 바위에서 장례가 치러졌어요. 그 바위를 '대왕암'
이라고 해요. 경주에 있는 문무 대왕릉이지요. 문무왕은 왜 죽어서까
지 나라를 지키는 용이 되겠다고 했을까요?

문무왕의 아버지는 태종 무열왕 김춘추, 어머니는 신라의 유명한
장군 김유신의 누이동생인 문희예요. 이들의 특별한 인연에 대한 이
야기가 있어요.

어느 날 문희는 언니 보희한테서 지난밤 꿈 이야기를 들었어요.

"산꼭대기에 올라가서 오줌을 누었더니 서라벌 땅에 가득 퍼지지

뭐야. 하하, 별 해괴한 꿈도 다 있지."

"언니, 그 꿈 내가 살게요. 비단 치마면 되겠어요?"

문희는 그게 보통 꿈이 아니라고 느꼈나 봐요. 그렇게 꿈을 사고 며칠이 지났어요. 김유신과 김춘추가 집 앞에서 공을 차다가, 김유신이 김춘추의 옷고름을 밟아 떨어뜨리고 말았어요.

"이런, 저희 집에 가서 옷고름을 답시다."

김유신은 김춘추를 안으로 들인 뒤 보희에게 옷고름을 달아 드리라고 했지만, 보희는 어쩐 일인지 나오지 않았어요. 그러자 김유신은 문희를 불렀고, 문희는 김춘추의 옷을 고쳐 주었어요. 그 인연으로 두 사람은 부부가 되었고, 훗날 김춘추가 왕이 되면서 문희는 왕비가 되지요. 둘 사이에 태어난 맏아들이 김법민, 바로 문무왕이에요.

가족이 된 김유신과 김춘추는 서로 힘을 모아 나랏일도 함께 해 나갔어요. 당시 신라는 백제의 공격에 시달리고 있었어요. 김춘추는 고구려에 사신으로 가서 함께 힘을 합해 백제를 치자고 했어요. 한데 고구려는 김춘추의 제안을 받아들이지 않았어요. 심지어 그를 옥에 가두었지요. 가까스로 살아 돌아온 김춘추는 이번엔 당나라로 가서 도움을 청했어요. 당나라는 신라의 군사 요청을 받아들였지요. 애초에 신라의 목표는 백제, 당나라의 목표는 고구려였거든요. 두 나라는 힘을 합쳐서 백제를 먼저 무너뜨린 다음 고구려를 치기로 한 거예요. 전쟁에서 이기면 대동강 이남의 땅은 전부 신라가 차지하는 것으로 약속했지요. 그 결과, 660년에 백제는 신라와 당나라 연합군의 공격에 멸망해요. 고구려 또한 지배층의 분열과 다툼으로 668년 신라와 당나라 연합군에게 무너졌지요.

그러나 백제가 멸망하자 당나라는 그 땅에 '웅진 도독부'라는 관청을 두어 다스리려고 했어요. 또, 663년에는 신라에도 '계림 도독부'라는 걸 두었지요. 이때 신라 왕이 문무왕이었는데, 당나라는 문무왕을 계림 도독으로 삼았어요. 약속과 다르게 당나라는 백제 땅을 차지하고 신라까지 넘보려는 거였지요.

문무왕은 고구려를 무너뜨릴 때까지 일단 참고 기다렸어요. 하지만 고구려 멸망 후 당나라는 평양에 '안동 도호부'라는 통치 기관까지 설치해 한반도 전체를 지배하려고 했지요. 문무왕은 이제 더는 물러서지 않고 당나라와 전쟁을 치르겠다고 결심했어요.

"삼한 땅에서 당나라 군사를 모조리 몰아낼 것이다!"

한편, 고구려의 유민들이 당나라의 지배에 저항하며 거세게 들고일어났어요. 문무왕은 당나라와 싸우기 위해 이들과도 손을 잡았어요.

한때의 적이 동지가 되고, 과거의 동맹 관계가 적으로 변한 거예요.

670년에 시작된 당나라와의 전쟁은 7년에 걸쳐 이어졌고, 신라는 치열하게 싸웠어요. 675년에 지금의 경기도 연천군에 있던 매소성에서 신라군은 당나라군을 크게 이겼어요. 그리고 이듬해 금강 하구인 기벌포에서도 당나라 해군을 크게 물리쳤지요. 이로써 신라는 당나라 세력을 완전히 몰아내고 마침내 대동강 이남의 땅을 차지하게 되었어요. 676년 통일 전쟁의 길고 험난한 과정에 마침표를 찍은 거예요.

신라가 삼국을 통일한 과정이 좀 아쉽게 느껴질 수도 있어요. 먼저, 고구려의 광활한 영토까지 아우르지는 못했으니까요. 당나라를 끌어들여 하마터면 한반도 전체를 당나라 손아귀에 넘겨줄 뻔한 것도 아찔하고요. 왜 하필 외국의 힘을 빌려 같은 민족을 쳤을까 못마땅할 수도 있어요. 그런데 당시 신라에게 백제나 고구려는 당나라와 같이 외국이나 다름없었어요. 삼국이 한 민족이라는 생각이 당시엔 아예 없었으니까요. 자기 나라의 이익과 생존을 위해서는 언제든 손잡을 수 있고, 등을 돌리거나 칼을 겨눌 수도 있었지요. 그런 상황에서 문무왕

신라의 강력한 힘이 된 화랑
신라에서는 귀족의 자녀들 중 능력이 뛰어난 인재를 뽑아 화랑으로 단련시켰어요. 김유신도 화랑이었어요. 화랑은 열 다섯 살부터 열 여덟 살에 이르는 청소년 단체였지요. 화랑들은 몸과 마음을 단련하는 교육을 받으며, 전쟁이 나면 나라를 위해 목숨을 바쳐 싸웠어요. 신라가 통일을 이루며 강한 나라가 된 데에는 화랑의 힘이 컸어요.

문무 대왕릉 내부의 모습이에요.

은 아버지가 시작한 통일 전쟁을 완수하고 나라를 구하기 위해 부단히도 애를 썼던 거예요.

　문무왕의 노력은 헛되지 않았어요. 이제 신라는 통일된 땅에서 백제와 고구려 유민을 아우르며 평화의 시대를 맞았으니까요. 그동안 삼국이 서로 싸우던 에너지를 안으로 통합하고 발전하는 데 쏟으니, 나라가 안정되고 보다 풍요로워졌지요.

　문무왕은 전쟁에 지친 백성을 위해 무기를 녹여 농기구를 만들고, 세금을 덜어 편안하게 해 주었어요. 그러나 정작 본인은 왕의 자리가 고되었는지 고치기 힘든 병에 걸려 죽음을 맞고 말았지요. 긴 고생 끝에 비로소 나라가 평안해졌으니 죽어서도 나라를 지키겠다는 왕의 마음이 충분히 이해가 되지요?

신라 전설의 피리, 만파식적

동해 한가운데 바위섬 안에 묻어 달라며 용이 되어 신라를 지키겠다던 문무왕의 유언대로, 문무왕의 아들인 신문왕은 바다 한가운데 바위섬에서 문무왕의 장례를 치렀어요.

그러던 어느 날, 동해를 지키던 신하가 신문왕에게 와서 말했지요.

"동해 가운데 작은 산 하나가 감은사를 향해 떠 오고 있습니다."

감은사는 문무왕이 짓던 것을 나중에 신문왕이 마저 지어, 아버지를 추모하던 절이에요.

신문왕이 감은사에서 동해를 보니 거북처럼 생긴 섬이 물 위에 솟아 있고, 섬 꼭대기에 대나무 두 그루가 있었는데 해가 지니 서로 합쳐져 한 그루가 되는 것이었어요. 신문왕이 섬으로 들어갔더니 용이 나타나 말했어요.

"저 대나무는 바다의 용이 된 문무왕과 하늘의 신이 된 김유신 장군이 내린 보물이니, 저 대나무로 피리를 만들어 불면 천하가 평화로워질 것입니다."

신문왕은 대나무를 베어 피리를 만들어 불었는데, 적의 군사가 달아나고 병은 나았으며, 가뭄에도 비가 오고 장마에는 맑게 개면서 바람이 잠잠해지고 물결이 평온해져 이 피리를 '커다란 파도를 잠재우는 피리'라는 뜻의 '만파식적(萬波息笛)'이라고 불렀어요.

《삼국사기》와 《삼국유사》에 전해 오는 이 전설에는 통일 이후 백제, 고구려 유민들을 통합해 안정되고 평화로운 나라가 되기를 바라던 신라 사람들의 소망이 담겨 있어요.

경상북도 경주에 있던 절, 감은사 터예요. 신라 30대 문무왕 때 불교의 힘을 빌어 왜구를 막기 위해 짓기 시작했지요. 국보 112호인 삼층 석탑이 남아 있어요.

고구려의 옛 땅을 되찾고 부여의 풍속을 이어받다

　신라가 삼국을 통일한 후, 멸망한 고구려의 옛 땅에 고구려 장군 출신인 대조영이 발해를 세웠어요. 발해 사람들이 남긴 역사 기록이 없기 때문에, 지금까지도 발해는 수수께끼에 싸인 나라로 남아 있어요. 과거에는 발해를 우리 역사와 상관없는 나라로 여기기도 했지만, 조선 시대의 실학자 유득공이 쓴 《발해고》라는 책에는 발해가 분명 우리나라이며, 신라가 남쪽에, 북쪽에 발해가 있었던 시대를 '남북국 시대'라고 주장했지요.

　러시아나 중국 등은 발해가 자기 나라라고 주장하기도 하지만, 발해는 엄연히 우리 역사로 볼 수 있어요.

우리 역사에서 가장 넓은 영토를 가졌던 나라, 그에 비해 우리가 아는 건 너무나 적은 나라가 바로 '발해'예요. 발해의 무왕은 일본에 국서(외교 문서)를 보내면서 자기 나라를 이렇게 말했어요.

"고구려의 옛 땅을 되찾고 부여의 풍속을 이어받았다."

부여는 옛날 만주에서 일어난 나라로, 여기서 갈라져 나온 사람들이 고구려를 세웠어요. 그러니까 발해가 고구려의 옛 터전에서 부여의 풍속을 이어받았다는 것은 고구려를 계승했다는 말이지요.

발해의 왕은 스스로를 '고려국왕'이라고 했고, 일본에서도 발해 사신을 가리켜 '고려 사신'이라고 했어요. 아, 여기서 고려는 고구려를 뜻해요. 이처럼 발해는 자기의 뿌리를 분명하게 밝혔고, 다른 나라에서도 그걸 잘 알고 있었어요. 그렇다면 발해는 어떻게 세워졌을까요?

고구려가 멸망한 뒤, 당나라는 고구려인 수십만 명을 끌고 가 당나라 땅 여기저기에 살게 했어요. 그래서 요하 서쪽에 있는 영주 지역에도 많은 고구려인이 살게 되었는데, 거기엔 거란, 말갈 사람 등도 섞여

살고 있었지요. 그러던 어느 날 영주에서 반란이 일어났어요. 거란이 당나라의 가혹한 통치에 못 견뎌 들고일어난 거예요. 고구려 유민들과 말갈은 반란에 힘을 보태면서 혼란한 틈을 타 영주를 탈출해서 동쪽으로 나아갔어요. 이때 고구려인 대중상과 말갈 사람 걸사비우가 무리를 이끌었지요.

당나라는 대중상과 걸사비우에게 이름뿐인 벼슬을 주면서 슬슬 달래려고 했지만 이들은 그걸 뿌리쳤어요. 그러자 당나라는 군대를 보내 이들 무리를 쳐서 없애려고 했지요. 당나라군은 먼저 걸사비우가 이끄는 말갈을 쳤고, 이 싸움에서 걸사비우가 죽었어요. 대중상도 이

대조영이 발해를 처음 세운 동모산이에요. 현재 중국의 지린성 근처예요.

무렵에 죽은 것 같아요. 이제 대중상의 아들이자 고구려 장수인 대조영이 남은 말갈 사람들과 고구려 유민들을 아울러 이끌게 되었어요.

대조영은 뒤쫓아 오던 당나라군과 '천문령'이란 곳에서 맞서 싸웠어요. 험준한 골짜기로 당나라군을 유인한 다음, 미리 숨어 있다가 기습 공격했지요. 이 전투에서 당나라군은 거의 다 죽었다고 해요. 크게 승리한 대조영은 동모산으로 가서 마침내 나라를 세웠어요. 698년, 이렇게 발해가 탄생한 거예요. 곳곳에 흩어져 살던 고구려 유민들이 벅찬 마음으로 모여들었고, 고구려 멸망 30년 만에 비로소 부활의 기쁨을 누렸어요.

대조영의 뒤를 이은 무왕은 발해의 영토를 빠르게 넓혀 갔어요. 무왕은 대단히 자신만만하고 용감무쌍한 왕이었나 봐요. 발해가 옛 고구려 땅을 차례로 손에 넣자 그 일대의 모든 종족들이 무왕을 두려워하며 받들었다고 해요. 또, 무왕은 발해의 세력을 억누르려는 당나라를 먼저 공격하기도 했어요.

한편 무왕의 뒤를 이은 문왕은 당나라와 평화롭게 지내고자 했어요. 그래서 문물을 주고받으면서 발해의 문화와 제도를 더욱 발전시켰지요. 이때는 신라와도 긴장 관계를 풀고 교류할 수 있도록 발해에서 신라로 이르는 길을 닦았는데, 그 길을 '신라도'라고 해요.

이처럼 안팎으로 나라의 힘을 키운 발해는 9세기에 이르러 전성기를 맞이했어요. 발해의 영토는 선왕 때 더욱 넓어져서 '사방 5천 리'에

달했다고 해요. 그게 어느 정도인지 감이 잘 안 잡힌다고요? 정확히는 모르겠지만 대략 한반도의 세 배 정도라고 생각하면 돼요.

남쪽으로는 신라와 경계가 닿고, 서쪽으로는 당나라·거란과 맞대어 있으며, 북쪽으로는 흑룡강, 동쪽으로는 바다에 닿아 있던 발해를 당나라는 '해동성국'이라고 불렀어요. '바다 동쪽의 번성한 나라'라는 뜻이지요.

발해가 해동성국으로 불린 게 단지 드넓은 영토 때문만은 아니에요. 큰 나라를 잘 다스릴 수 있는 제도는 물론이고, 경제와 문화 역시 매우 융성했기 때문이지요.

발해는
'바다 동쪽의 번성한 나라'라는
뜻의 '해동성국'으로 불렸어요.

발해의 수도 상경은 당나라 수도 장안 못지않게 위용을 뽐냈고, 시장에는 각 지역의 특산물과 다양한 교역품이 넘쳐나 활기를 띠었어요. 특히 발해산 모피가 질 좋기로 유명했는데, 그중에서도 담비 모피는 최고급 특산품이었기 때문에 외국에 수출하면 없어서 못 팔 정도였다고 해요.

발해는 여러 갈래로 길을 잘 닦아서 주변 나라들과 활발하게 교류했어요. 당나라, 신라, 거란, 일본뿐 아니라, 시베리아와 중앙아시아로도 나아갔지요. 발해의 길은 육지로 가는 길과 바다로 가는 길이 있었는데, 일본으로 갈 때는 바닷길을 썼어요. 두 나라는 서로 왕래하며 돈독한 관계를 다졌는데, 당시에 동해 먼 바다를 넘나드는 건 쉬운 일이 아니었지요. 더군다나 발해에서 일본으로 계절풍을 타고 가려면

넓은 영토를 차지했던 발해
당나라도 함부로 넘보지 못했던 발해는 상경, 중경, 동경, 서경, 남경의 5경으로 영토를 나누고, 다시 15부 62주를 두어 나라를 다스렸어요.
발해의 수도였던 상경은 당나라의 수도 다음으로 큰 도시로, 일본, 신라, 거란, 당나라 등 다른 나라들과 활발하게 교역을 이루었지요.

한겨울에 거친 바다를 헤쳐 가야 했거든요. 발해인의 뛰어난 항해술과 도전 정신, 위험을 무릅쓰는 강인함이 있었기에 가능했던 거예요. 동해를 건너 왜와 교류하던 고구려인이 그랬듯이 말이지요.

발해인은 호방한 기상이 넘쳤지만 세련되고 지적인 문화를 가지고 있었어요. 당나라에서 외국인을 대상으로 치르던 과거 시험인 빈공과에 많은 발해 사람이 합격했고, 때로는 장원으로 급제해서 신라 사람들의 질투를 사기도 했지요. 또, 일본에 간 발해 사신들은 한시를 지어 문인들과 교류하고 소통했어요.

그러나 문화를 꽃피우며 강성하던 발해는 926년 거란의 침입을 받아 멸망하고 말지요. 지배층의 분열 때문에 혼란해진 발해를 거란이 손쉽게 무너뜨린 거예요. 230년 발해의 역사는 그렇게 허무하고 안타깝게 막을 내렸어요.

그 후 발해를 직접 계승한 나라는 나타나지 않았어요. 그리고 오늘날 우리나라, 중국, 러시아가 저마다 발해를 자기 역사라고 주장하고 있지요. 그러나 발해를 세운 대조영은 분명 고구려인이었어요. 또, 발해에 많은 말갈 사람들이 살았다고 하지만, 이들을 다스린 건 고구려 사람이었어요. 발해를 이끌어 간 지배층 대부분이 고구려 사람으로, 관료나 귀족 중엔 고구려 왕족인 고씨가 제일 많았고, 그 외에도 대부분 고구려 성씨를 가지고 있었지요. 신라의 유명한 학자 최치원은 이렇게 말했어요.

"예전 고구려가 지금의 발해가 되었다."

이래도 발해가 고구려를 계승한 우리 역사가 아닌 자기들 역사라고 우기다니 정말 황당한 일이에요. 국서에 발해의 정체성을 명백히 밝히고, 당나라와도 가차 없이 맞선 무왕이 들으면 만주 땅 어딘가에서 벌떡 일어날 일이겠지요?

다양한 문화가 융합된 발해의 문화

발해는 고구려의 전통을 이어받은 바탕 위에 당나라 문화의 영향을 많이 받으며 발해만의 문화를 꽃피웠어요.

건축에 있어서 빼어난 기술을 가지고 있던 발해는 당나라의 수도인 장안의 성을 그대로 본떠서 수도 상경에 엄청난 크기의 성곽을 지었어요. 발해의 궁궐과 절과 같은 건축물에 쓰인 벽돌이나 기와 등은 고구려의 힘차고 웅장한 기품을 담고 있지요.

문왕의 딸인 정혜 공주의 묘는 굴식 돌방 무덤으로, 고구려 고분의 양식에서 보이는 구조를 갖추고 있고, 정효 공주의 묘는 당나라와 고구려 양식의 영향을 받은 벽돌 무덤이에요.

고구려의 불교를 이어받은 발해의 불교는 크게 번성해서 당나라뿐 아니라 후의 고려에까지 영향을 미쳤는데, 불교 예술품은 웅장한 기운이 넘쳐흘러요.

발해 정효 공주 묘 벽화에는 발해 사람의 모습을 알 수 있는 열 두 명의 신하가 그려져 있어요.

발해의 수도였던 상경의 절터에는 당나라의 영향을 받아 만든 탑, 발해만의 독창적인 석등 등이 남아 있어요. 상경은 현재 중국의 헤이룽장성 닝안시에 있어요.

발해의 유물들

뒤꽂이

연꽃무늬 수막새

해적을 모조리 없애고
바다를 평안케 하리라

삼국을 통일한 신라는 지금의 경주인 수도 금성을 중심으로 눈부시게 발전하며 오랜 시간 평화를 누렸어요. 농업과 상업이 발달하고 기술도 발달하면서 사람들은 풍요로운 생활을 누렸고, 고구려와 백제 그리고 당의 문화가 융합된 신라만의 문화를 꽃피우면서 다양한 건축물과 예술품들이 탄생했지요. 하지만 신라를 지배하던 귀족층이 사치에 빠지고 부패하면서 오랜 번영을 누리던 신라도 무너지기 시작했어요.

'바다를 지배하는 자가 세계를 지배한다.'

이런 말을 들어 본 적이 있나요? 이 말은 어느 영국 탐험가가 한 말이라고 해요. 바다를 지배하는 자가 세계 무역을 지배하고, 세계의 부를 지배해 마침내 그 세계를 지배한다는 뜻이지요. 우리나라 역사에도 이 말이 딱 들어맞는 인물이 있답니다. 섬마을 소년에서 동아시아 바다의 왕이 된 사람. 누구일까요?

신라 서남 해안의 한 마을에 '궁복'이라는 소년이 있었어요. 활을 잘 쏘는 아이라고 해서 붙은 이름이지요. 궁복이 살던 당시 신라 사회는 어지럽고 혼란했어요. 8세기 후반에서 9세기 무렵, 귀족들이 사치를 누리며 왕위를 놓고 서로 싸우는 사이에 백성들은 굶주림으로 하루하루 고통 받고 있었지요. 먹고살 길이 막막해 떠돌이 신세가 되거나 도적이 되기도 하고, 무작정 외국으로 가는 배를 타기도 했어요.

"여기서는 앞날이 없어. 신라를 떠날 거야."

궁복은 일렁이는 바다 물결을 보며 결심했어요. 궁복이 그렇게 마음먹은 데에는 신라가 차별이 심한 사회라는 이유도 컸어요. 신라에는 '골품제'라는 엄격한 신분 제도가 있었거든요. 아무리 능력이 있어도 골품에 따라 오를 수 있는 벼슬에 한계가 있었고, 집의 크기나 장식, 옷차림과 장신구 같은 세세한 것까지 신분에 맞춰 까다롭게 규정해 놓았어요. 더구나 수도 금성 사람이 아닌 지방 사람들은 골품제 안에 속하지도 못했으니, 더한 차별을 당했지요.

섬사람인 데다 성씨도 가지지 못한 보잘 것 없는 집안 출신의 궁복은 신라 사회의 벽을 더 뼈저리게 느꼈을 거예요. 청년이 된 궁복은 그렇게 신라를 떠나 당나라로 갔어요. 당시 당나라는 외국인에게도 꽤 개방적이었어요. 궁복은 외국인으로 꾸려진 당나라 부대에 군인으로 들어갔지요. 그리고 거기서 스스로 이름을 '장보고'라고 지었어요.

장보고는 군인으로 승승장구해 '소장'이라는 지위까지 올라갔어요. 그렇게 당나라에서 군인으로 10여 년을 보내며, 그는 많은 것을 알게 되었어요. 산둥 반도 해안가에 신라인들이 모여 살면서 뱃길을 이용해 상업 활동을 하는 것도, 해적한테 붙잡힌 신라인들이 노비로 팔려

> **신라의 신분 제도, 골품제**
> 신라는 사람들의 신분을 '골'과 '두품'으로 나누었어요. 골은 왕족 출신인 성골과 진골로 나뉘고, 두품은 가장 높은 6두품부터 가장 낮은 1두품까지 있었지요. 그리고 그 아래에 평민이 있었어요. 부모로부터 물려받은 신분에 따라 사는 집과 입는 옷, 쓰는 물건들 하나하나까지 정해져 있고 벼슬에도 큰 제한이 있었기 때문에, 신라의 골품제에 불만을 가지고 있는 사람들이 많았어요.

가는 것도 알게 되었지요.

장보고는 당나라의 군인 자리를 떠나 다시 새로운 결심을 했어요.

"신라로 돌아가야겠다. 가서 꼭 할 일이 있어."

장보고는 신라로 돌아가 흥덕왕을 만났어요.

"해적들이 신라 해안에 자주 나타나 사람들을 붙잡아서 노비로 팝니다. 남의 나라에서 가축처럼 부림 당하는 신라인의 모습은 차마 눈 뜨고 볼 수 없습니다. 허락해 주신다면,

해적을 모조리 없애고 바다를 평안케 하겠습니다."

장보고는 지금의 완도에 청해진을 설치하고, 군사 1만 명을 두도록 허락 받았어요. 828년의 일이지요. 청해진은 군사 기지이면서 무역항이었어요. 장보고는 해적들을 소탕해 더는 신라 앞바다에 얼씬거리지 못하게 했고, 이를 바탕으로 해상 무역의 길을 활짝 열었지요.

당시 중국에서 일본으로, 일본에서 중국으로 뱃길을 따라가려면 한반도 서남 해안을 거쳐야 했어요. 청해진은 중국과 일본 사이에서 중계 무역을 하기에 안성맞춤인 곳이었지요. 진이 설치된 섬은 육지와 아주 가까우면서도 삼면이 바다로 트여 있어 천연 요새와도 같았고, 멀리 바다를 오가는 배들이 잘 보였어요. 또 물이 깊어서 배를 대기도 좋았어요. 여기서 장보고는 동아시아 바다를 주름잡으며 신라와 당나라, 일본 세 나라에 널리 이름을 떨쳤답니다. 어마어마한 부와 국제적인 명성을 쌓은 장보고. 그가 세력을 크게 떨치자 신라의 진골 귀족들은 그의 힘을 빌리기도 하는 한편 두려워하거나 마뜩잖게 여기기도 했어요.

흥덕왕이 죽고, 왕권 다툼에서 밀린 김우징이 청해진으로 몸을 피했어요. 장보고는 김우징을 도와 군사 5천 명을 보내, 반대파를 죽이고 김우징을 왕위에 올렸

경상북도 경주시에 있는 신라 42대 흥덕왕의 무덤이에요.

지요. 그가 바로 신무왕이에요. 그 공으로 장보고는 많은 땅과 벼슬을 얻었고, 신무왕의 아들과 장보고의 딸을 혼인시키겠다는 약속까지 받아 냈어요. 그런데 신무왕이 죽고 그 뒤를 이은 아들 문성왕이 장보고의 딸을 왕비로 삼으려고 하자, 귀족들이 격렬하게 반대했어요.

"한낱 섬사람의 딸을 어찌 왕실에 들일 수 있단 말입니까?"

가뜩이나 골품도 없는 지방 출신이 진골 귀족 버금가는 대우를 받고 있는데, 이제 왕실과 결혼까지 하겠다니. 그들은 안 될 말이라며 문성왕을 말렸어요. 사실 귀족들은 두려웠던 거예요. 장보고라는 사람 때문에 자기들만의 세상이 흔들릴까 봐 말이지요. 진골만이 누릴 수 있는 세상, 그 특권을 빼앗기는 건 상상조차도 하기 싫었던 거죠.

장보고는 왕실과의 결혼이 좌절된 후 몹시 실망했어요. 어쩌면 화도 났을 거예요. 신라 조정에는 장보고가 반란을 일으킬 거라는 말이 돌았어요. 그리고 얼마 후, 염장이라는 사람이 청해진에 찾아가서 장보고를 죽였어요. 장보고가 죽고 난 뒤, 청해진 사람들은 신라 정부에게 탄압 받다가 결국 다른 곳으로 쫓겨 갔지요.

851년, 청해진은 영영 폐쇄되고 말았어요. 청해진이 사라지면서 장보고가 펼쳐 놓은 바다 위의 연결망도 사라지고 말았어요.

신라가 장보고와 계속 함께했다면 동아시아 해상 무역의 중심에서 더 큰 무대의 주인공이 되지 않았을까요? '바다를 지배하는 자가 세계를 지배한다.'는 걸 장보고는 알았지만 신라는 몰랐던 것 같아요.

장보고의 무대가 된 청해진

장보고는 값비싸고 진귀한 물품을 무역선에 실어 나르면서, 당, 일본, 신라를 연결하는 중계 무역을 주도했어요. 무역선 안에는 각종 금은 제품과 공예품, 고급 비단, 도자기, 인삼, 칠기, 귀한 책과 그림, 동남아시아나 아라비아에서 온 보석, 향료, 장신구 등이 있었지요. 이런 물품은 신라 귀족들에게 굉장한 인기를 끌었고, 일본에서도

장보고가 바다를 호령하던 역사를 간직하고 있는 완도의 청해진 유적지예요.

장보고 무역선이 들여오는 귀한 물건들에 흠뻑 빠져 예약금을 먼저 내고 살 정도였어요.

장보고는 중계 무역뿐만 아니라 직접 물건을 생산하기도 했는데, 그것이 바로 청자예요. 청자 하면 고려청자가 쉽게 떠오르지만, 장보고는 그보다 앞서 당나라의 기술을 들여와 청자를 만들어 냈지요. 청해진과 가까운 강진 일대에서 대량으로 생산해, 신라뿐 아니라 일본에도 팔고, 당나라에까지 수출했어요.

"직접 뵙고 받들어 모시지는 못했으나, 높으신 이름은 오랫동안 들어 왔습니다. 엎드려 우러르고 따르는 마음 더해 갑니다."

일본의 '엔닌'이라는 승려가 장보고에게 쓴 편지 구절이에요. 장보고는 엔닌이 당나라에 순례하러 가서 어려움에 처했을 때 큰 도움을 주었다고 해요. 엔닌은 법화원이라는 큰 절에 머물기도 했는데, 이 역시 장보고가 세운 절이에요. 법화원은 당나라에 살던 신라 사람들에게 정신적인 위안과 교류의 장이 되었던 곳으로, 장보고 해상 무역의 한 축을 담당했어요.

왕건이 왕이 된다

신라가 한창 혼란스럽던 때 지방 곳곳에서는 세력을 키우며 스스로를 왕으로 여기던 사람들이 나타났어요. 그중 견훤, 궁예, 왕건은 강력한 힘을 지녔던 사람들인데 결국 신라를 부정하고 후백제, 후고구려 같은 나라를 세우게 돼요. 이들 나라는 힘이 점점 커져 신라를 위협하기에 이르렀고, 신라의 영토는 동남쪽으로 도로 쪼그라들었지요. 이렇게 후백제, 후고구려, 신라 세 나라로 다시 갈라지게 된 시기를 '후삼국 시대'라고 해요. 하지만 후삼국도 결국 하나의 나라, 고려로 통일이 되지요.

후백제는 900년에 견훤이 세운 나라예요. 지금의 전주인 완산에 도읍을 정하고 옛 백제 땅을 기반으로 삼았지요. 견훤은 서남 해안을 지키던 군인이었는데, 체격이 크고 생김새가 뛰어났으며 기개가 아주 남달랐다고 해요. 갓난아기였을 때 호랑이가 와서 젖을 먹였다는 이야기도 전해지지요. 견훤이 무리를 모아서 이르는 곳마다 백성이 따르고 금세 세력이 커졌다고 해요.

정확하지는 않지만, 후고구려를 세운 궁예는 신라 왕족 출신이라고 전해져요. 전해지는 이야기에 따르면 궁예는 신라 왕의 후궁이 낳은 아들이었는데, 태어나자마자 버림받았다고 해요. 버려질 때 그를 구한 유모가 잘못해서 손가락으로 눈을 찌르는 바람에 한쪽 눈이 멀게 되었대요. 자라서 절에 들어가 승려가 된 궁예는 당시에 들불처럼 번지던 반란군의 무리에 들어가 곧 우두머리가 되었어요.

"지난날 신라가 고구려를 무너뜨린 원수를 내가 반드시 갚겠다!"

궁예는 901년, 송악에 도읍을 정하고 후고구려를 세웠어요. 후고구려는 경기도, 강원도 일대를 중심으로 크게 세력을 떨쳤는데, 이때 영토를 넓히는 데 큰 공을 세운 인물이 바로 왕건이에요. 왕건은 스무 살에 궁예의 부하가 되었지요.

견훤, 궁예, 왕건 세 사람은 모두 호족 출신이에요. 호족은 한마디로 지방 세력을 말해요. 중앙의 진골 귀족들이 왕위 다툼에 정신이 팔려 있는 동안, 지방에서 독자적으로 힘을 키운 세력이지요. 점점 살기가 힘들어지던 신라의 백성은 중앙 정부보다 이들 호족을 더 따랐어요. 백성의 삶은 돌보지 않고 사치와 권력 다툼을 일삼다가, 굶주린 백성한테서 세금만 쥐어짜려고 하니, 신라에서는 희망을 찾기가 힘들었던 거지요. 어지럽고 힘든 세상에서 백성을 구해 줄 영웅, 그가 바로 견훤이고, 궁예이길 사람들은 바랐을 거예요.

백성과 어려움을 함께하고 일을 공평하게 처리한다고 알려져 있던 궁예에게 사람들은 큰 기대를 했어요. 하지만 갈수록 그의 모습은 백성의 마음에서 멀어져 갔지요. 궁예는 도읍을 철원으로 옮기고, 나라 이름을 '마진'이라고 했다가 다시 '태봉'으로 바꿨어요. 스스로를 '미륵

골품제를 없애려 한 궁예
신라의 정책에 완전히 맞섰던 궁예는 태어나면서 신분을 물려받던 신라의 골품제를 없애고, 능력에 따라 신분이 상승할 수 있도록 하려고 했어요. 이런 궁예의 정책은 신라 귀족들의 반감을 사서 반대 세력을 키우는 요인이 되었지요.

불'이라고 하면서 나라의 모든 권력을 혼자 움켜쥐려고 했지요. 반역죄를 씌워서 많은 사람을 죽이고, 심지어 자기 아내와 자식까지도 죽였어요.

그러던 918년 봄, 철원에서 기묘한 일이 일어났어요. 당나라에서 온 '왕창근'이라는 상인이 철원 시장에 머물 때 기이한 모습의 사내를 보았어요. 머리칼과 수염이 온통 희고 옛날 옷차림을 한 채로, 손에는 오래된 거울을 들고 있었지요. 그가 거울을 사겠느냐고 묻자 왕창근은 쌀을 주고 거울을 사서 벽에다 걸어 두었어요. 처음엔 몰랐는데 햇빛이 비치자 거울에 자잘한 글씨가 보이는 거예요.

'하늘에서 아들을 내려보내니 먼저 닭을 붙들고 후에 오리를 잡을 것이다. 두 마리 용이 나타나 한 마리는 푸른 나무 사이에 몸을 숨기고, 한 마리는 검은 쇠의 동쪽에 모습을 드러낼 것이다. 때로 성하다가 또 쇠하는 것은 나쁜 때를 없애기 위함이다.'

왕창근은 보통 물건이 아니라고 여겨 거울을 왕에게 바쳤어요. 궁예 역시 신기하게 여기면서 몇몇 신하들에게 거울 속의 글을 해석해 오라고 시켰지요.

'푸른 나무는 소나무 송(松)이니,
송악 출신의 왕건이 왕이 될 인물이란 것이요,
검은 쇠는 철(鐵)이니 지금 도읍인 철원을 말하는 것이다. 지금의 왕이 처음 이곳에서 일어났으나 끝내 여기에서 망하겠구나. 닭 계(鷄)는

'계림', 즉 신라를 뜻하고, 오리 압(鴨)은 압록강을 말하니, 왕건이 신라를 얻고 나중에 압록강을 차지하겠구나.'

"이크, 왕께서 이를 알았다가는 우린 다 죽은 목숨이오. 왕건도 무사하지 못할 게요."

신하들은 궁예에게 거짓으로 꾸며 얼버무렸어요. 하지만 철원 도성에는 곧 이런 소문이 퍼졌지요.

"거울 속 예언이 그러는데, 왕건이 왕이 된다네!"

그해 여름, 여러 장수들이 왕건을 찾아갔어요.

혹시
그 소문
들었나?

"하늘이 주신 때가 왔습니다. 지금 공보다 덕망이 높은 사람은 없으
니, 뭇사람의 마음이 공을 우러르고 있습니다. 하물며 왕창근이 얻은
거울 속 글귀가 저러한데, 어찌 가만히 있다가 포악한 왕의 손에 죽임
을 당하겠습니까?"

드디어 왕건은 갑옷을 입고 장수들과 함께 문을 나섰지요. 그러자
여기저기서 달려와 따르는 백성이 이루 다 헤아릴 수 없었어요.

"왕건이 왕이 된다!"

궁궐 문에 이르자 떠들썩하게 북을 치며 기다리는 사람이 만여 명이나 되었다고 해요.

궁예는 쫓겨나 산속으로 도망쳤지만 금방 백성들에게 붙잡혀 죽고 말았어요.

왕건은 송악을 도읍으로

강원도 춘천의 삼악산에 쌓은 성이 있던 자리인, 삼악산성지예요. 궁예가 철원에서 왕건에게 패한 후 이곳에 성을 쌓고 피신처로 삼았다는 전설이 전해 오지요.

삼고 새 나라, 고려의 왕이 되었답니다.

왕건은 궁예나 견훤과 달리 신라를 적으로 대하지 않았어요. 견훤이 신라를 습격했을 때에도 왕건은 군사를 보내 신라를 도왔고, 팔공산 아래에서 직접 견훤과 싸우다가 죽을 뻔하기도 했어요. 신라인들은 수도 금성을 짓밟고 경애왕을 죽게 한 견훤보다는, 너그럽고 자신을 낮출 줄 아는 왕건에게 마음을 열었지요.

935년 신라 경순왕은 마침내 신라를 고려에 넘겨주었어요. 언제 무너질지 모르는 나라를 위태롭게 지키느니 왕건에게 모든 걸 맡기기로 한 거예요. 왕건은 경순왕을 높은 지위로 잘 대접하고, 자기 맏딸을 경순왕과 결혼하게 했어요. 경순왕을 따라 항복한 신하들한테도 모두 벼슬을 주었지요. 신라의 영토는 고려의 행정 구역인 '주'가 되어 '경주'라고 불리게 되었어요. 천 년을 이어 온 신라는 그렇게 사라졌지요.

고려 초기의 무신, 신숭겸 장군의 묘로 강원도 춘천에 있어요. 신숭겸은 궁예를 몰아내고 왕건을 왕으로 추대하여 고려를 세우는 데 공을 세운 개국 공신이지요.

왕건과 팽팽하게 맞서던 견훤은 아들 때문에 어려움에 처했어요. 견훤이 넷째 아들인 금강에게 임금 자리를 물려주려고 하자, 맏아들인 신검이 견훤을 금산사에 가두고는 자신이 왕위에 올라 버린 거예요. 견훤은 금산사를 탈출해서 왕건을 찾아갔어요.

"반역한 아들놈을 죽여 주시오."

왕건은 견훤을 잘 대우하고, 936년에 신검이 다스리는 후백제를 쳐서 무너뜨렸어요. 마침내 고려는 후삼국의 통일을 완성했지요.

후삼국 시대에도 여러 왕이 나타났지만, 혼란의 시대를 마무리하고 새로운 통합을 이룬 건 고려의 태조 왕건이었어요. 왕건이 역사의 승자가 된 비결. 그 비결이 '왕건이 왕이 된다'는 거울 속 예언 때문만은 아니겠지요?

통일 국가를 이룬 왕건의 정책

궁예를 몰아내고 왕위에 오른 왕건은 고구려를 계승한다는 뜻으로 나라 이름을 '고려'라 하고, 오늘날의 개성인 송악을 도읍으로 정했어요.

왕건은 고려를 세운 지 17년 만에 전쟁 없이 신라를 손안에 넣고, 후백제를 정벌하면서 후삼국을 통일하며 통일 국가를 이루었지요.

왕건은 옛 고구려의 영토를 다시 회복하는 북진 정책을 펼치고, 신라와 후백제의 백성들이 고려의 백성이 될 수 있도록 융합 정책을 펼쳤어요. 또 나라의 안정과 평화를 위해 불교를 국교로 삼아 나라 곳곳에 큰 절을 지었어요. 그리고 오랜 전쟁과 힘든 생활에 지쳐 있던 백성들의 세금을 줄여 주며 더 강한 나라로 커 나갔지요.

한편, 지방에서 많은 재산과 군사를 거느리며 막강한 힘을 가지고 왕의 권위를 위협하던 호족들을 누르기 위해, 왕건은 결혼 정책을 펼쳤어요. 호족의 여러 딸들과 결혼을 하고, 호족들에게 출신 지방을 다스리도록 하며 호족의 자식을 중앙에 볼모로 와 있도록 했지요. 이런 정책은 호족들을 회유하면서도, 왕권을 위협하지 못하도록 강압하는 정책이기도 했어요.

신라 말기의 승려였던 '도선'의 초상화예요. 풍수지리설에 능했던 도선은 왕건의 탄생을 예언한 것으로 전해져요.

전라남도 나주에 있는 완사천이에요. 왕건이 장화왕후를 만나 인연을 맺은 곳으로 널리 알려졌어요.

장군과 재상이라고 어찌 씨가 따로 있겠는가

태조 왕건 이후 광종과 성종에 이르러 고려는 사회와 정치가 안정되었어요. 신라의 골품제가 없어지고 고려에서는 과거 시험을 통해 관리가 되거나, 과거를 보지 않아도 왕족이나 공신의 자손 또는 고급 관리의 자녀들은 관리가 될 수 있었어요. 그렇게 일정한 가문이 대대로 고위 관리직을 차지하면서 고려 사회를 지배하는 힘 있는 세력인 '문벌'을 이루었지요.

고려의 관리는 문신과 무신으로 나뉘는데, 무신은 문신에 비해 천대 받고 있었어요. 불만이 쌓일 대로 쌓인 무신들은 결국 반란을 일으켰고, 문신이 중심이 되었던 문벌 귀족의 횡포로 힘든 삶을 살았던 농민들은 무신들의 반란을 지지했어요. 하지만 무신들이 정권을 잡은 이후에도 농민들의 힘든 삶은 좀처럼 나아지지 않았지요.

    1198년, 고려의 도읍인 개경의 한 뒷산에서 노비들이 나무를 하고 있었어요.

    "이보게들, 내 말 좀 들어 보시오."

    만적이라는 노비가 주위의 노비들을 불러 모았어요.

    "무신의 난이 있은 뒤에 천한 노예 중에서도 높은 자리에 오른 이가 많소. 장군과 재상이라고 어찌 씨가 따로 있겠소? 누구든지 때가 오면 다 할 수 있는 것이지!"

    노비들은 만적의 말에 고개를 끄덕였어요.

    "우리라고 이렇게 뼈가 휘도록 일하면서 매질이나 당하고 살 수는 없소! 우리가 나서서 때를 만듭시다!"

    만적과 노비들은 머리를 맞대고 일을 계획했어요. 만적은 당시 고려의 최고 권력자인 최충헌의 사노비였어요. 최충헌은 무신의 난 이후 권력을 잡은 무신 가운데 한 사람이었지요. 그런데 '무신의 난'이 무엇이냐고요? 무신의 난은 말 그대로 무신들이 일으킨 반란이에요. 고려에서 무신들은 문신에 비해 차별을 당했거든요. 무신이 높은 관리직에 오르는 데에는 한계가 있었기 때문에, 무신은 나라의 중요한 일을 의논하고 결정하는 높은 자리까지 올라갈 수 없었어요. 심지어 군대를 총지휘하는 자리도 무신이 아닌 문신의 차지였지요. 관리들에게 주는 토지도 무신보다 문신이 더 많이 받았어요. 이런 차별에 더해 문신들이 무신을 대놓고 깔보거나 업신여기기까지 하니 더는 참을 수 없었던 거예요. 문신에 대한 무신의 불만이 곪을 대로 곪아 있던 1170년, 결국 사건이 터졌어요.

나들이하기 좋아하던 의종이 '보현원'이란 곳으로 신하들을 거느리고 놀러 간 날이었어요. 의종은 문신들과 더불어 술판을 벌이다가 흥이 오르자 무신들에게 오병수박희를 하라고 했어요. 오병수박희는 우리 전통 무예인 태껸 같은 맨손 무예였지요. 거기서 늙은 장군이 젊은 무관과 겨루다가 기운이 달려서 피했거든요. 그러자 한 문신이 대뜸 늙은 장군의 뺨을 때리며 꾸짖는 거예요. 자기보다 나이도 많고 벼슬도 높은 장군을 말이에요. 뺨을 맞고 계단 아래로 굴러떨어진 늙은 장군을 보고 왕과 문신들은 손뼉을 치며 웃었어요. 그러나 그 자리에 있던 무신들은 전혀 다른 얼굴빛이었지요.

"오늘 밤 문신이란 자들은 모조리 씨를 말릴 것이다."

어둠이 내리자, 정중부를 비롯한 무신들이 닥치는 대로 문신을 죽였어요. 그 바람에, 시체가 산처럼 쌓였다고 해요. 무신들은 의종을

쫓아내고 의종의 동생을 허수아비 왕으로 세웠어요. 그렇게 무신들의 세상이 시작된 거예요.

무신들은 100년 동안 나라의 권력을 틀어쥐었어요. 초반에는 무신들끼리 서로 권력을 차지하려고 많은 피를 흘리기도 했지요. 이고가 이의방에게, 이의방은 정중부에게, 정중부는 경대승에게 죽임을 당했어요. 경대승이 병으로 죽자, 아버지가 소금 장수, 어머니가 노비였던 천민 출신의 이의민이 권력을 잡았어요. 아까 만적의 말에서 천민 가운데 높은 자리에 오른 사람, 그 대표적인 인물이 바로 '이의민'이에요. 이의민이 만적의 주인인 최충헌에게 죽임을 당하면서, 그 이후 최충헌의 집안이 4대에 걸쳐 60여 년 동안이나 나라의 권력을 휘어잡았지요. 그럼 백성들의 삶은 어땠을까요? 무신들이 차별과 멸시를 당한 뒤에 나라를 뒤엎었으니, 이전과는 다른 나라가 되기를 원했을 거예요. 하지만 백성의 삶은 좀처럼 나아지지 않고 도리어 갈수록 힘들어졌어요.

"세금으로 다 거두어 가면 우리는 뭘 먹고 살라고!"

이제 무신들의 시대를 열어 갈 것이다!

"최씨 집안 농장에서 곡식 좀 꾸었더니 이자가 더 무섭네. 못 갚으면 땅마저 빼앗길 판이야."

"무신들이라고 해도 다를 것 없구먼그래. 더 빼앗아 자기 배불릴 생각만 하지."

농민들은 마을을 떠나 산속으로 들어가거나 도적이 되기

경남 거제시에 있는 고려 시대의 관아 건물이 있던 곳으로, 고려 시대 정중부의 난으로부터 피난한 의종이 머무른 폐왕성이 있던 곳으로도 알려져 있어요.

도 했어요. 그러다 마침내 이렇게는 못 살겠다며 곳곳에서 들고일어났지요. 평양에서 조위총, 공주에서 망이·망소이 형제, 경상도 지역에서 김사미와 효심 등이 들고일어났고 그 일대의 농민과 천민이 힘을 합쳤어요.

가장 밑바닥 신분인 노비는 농민보다 못한 처지로, 국가 기관에 속한 관노비와 개인이 소유한 사노비로 나뉘었어요. 사노비는 주인의 중요한 재산으로, 값을 매겨서 사고팔 수 있고 상속하거나 선물로 줄 수도 있었어요. 주인은 자기 노비를 마음대로 다루었지만 노비는 주인을 벗어날 수 없었지요.

"노비가 없는 세상을 만들어서 우리가 높은 벼슬을 할 것이오!"

만적이 개경의 노비들과 세운 계획은 이랬어요. 정한 날짜에 관노비들이 궁궐 안에서 죽일 사람들을 죽이고, 사노비들은 저마다 자기 주인을 죽인 뒤에 노비 문서를 불태우는 거였지요. 그런 다음 다 같이 궁궐로 가서 나라를 바꾸려고 했던 거예요.

드디어 약속한 날이 왔어요. 그런데 모인 사람은 수백 명뿐. 큰일을 도모하기에는 그 숫자가 너무 적었어요. 하는 수 없이 다른 날짜에 다시 모이기로 하고 흩어졌는데, 순정이라는 노비가 마음이 흔들렸는지 그만 주인인 한충유에게 계획을 다 털어놓았지 뭐예요. 한충유는 서

둘러 최충헌에게 알렸고, 만적을 포함해 백여 명의 노비가 붙잡히고 말았어요.

"저놈들 모두 산 채로 강물에 던져 버려라!"

만적과 노비들은 죽임을 당했고, 신분 해방의 꿈도 그렇게 물속으로 가라앉고 말았어요. 최충헌은 가담한 노비들을 모두 벌주려고 했지만 그 수가 워낙 많은 데다, 다 죽일 수도 없는 노릇이어서 나머지의 죄는 그냥 덮기로 했지요.

배신한 순정은 상금 80냥을 받고, 양인의 신분으로 올라갔어요. 한 충유도 공을 인정받아 높은 작위를 얻었지요.

만적의 난이 좌절된 이후에도 노비들의 저항 운동은 계속되었어요. 번번이 실패로 돌아가긴 했지만 신분 해방이라는 혁명적인 생각의 씨앗은 죽지 않고 계속 옮겨 심어졌던 거예요.

우리나라에서 노비 신분이 없어진 건 1894년 갑오개혁 때예요. 만적의 난 이후 거의 700년이나 흐른 뒤의 일이지요. 공식적으로 신분 제도는 폐지되었지만 오랫동안 뿌리내려 온 관습은 한 번에 사라지는 게 아닌가 봐요. 신분제가 완전히 사라진 오늘날에도 보이지 않는 차별과 불평등은 여전히 존재하는 걸 보면 말이에요. 높은 사람의 씨가 따로 있느냐던 만적의 외침이 지금도 강한 울림을 주는 이유예요.

고려의 관리가 되는 길

불안정한 나라를 안정시키고 왕권을 강화하기 위해 고려는 과거제를 실시해서, 신분과 상관없이 실력에 따라 관리를 뽑도록 했어요. 태어날 때부터 신분이 나뉘고 올라갈 수 있는 벼슬자리의 한계가 있던 신라의 골품제가 없어지면서, 신분을 극복하고 관리로 올라갈 수 있는 기회가 더 많아진 거예요. 고려의 과거 시험은 문과, 잡과, 승과로 나뉘어 치러졌어요. 문과에서는 문관을, 잡과에서는 법률, 의학, 지리, 회계 등의 기술관을, 승과에서는 불교를 담당하는 승려를 뽑았지요. 하지만 무관을 뽑는 무과는 거의 치러지지 않았어요. 고려의 무신은 무예 실력이 뛰어난 사람을 따로 뽑았지요. 과거 시험 말고 관리가 되는 방법으로는 '음서' 제도가 있었어요. 음서는 왕족이나 공을 세운 공신의 자손, 5품 이상 관리의 자손에게 시험을 보지 않아도 관리의 자리를 내려 주던 제도예요.

골품제가 없어졌다 해도 여전히 고려는 신분 사회였어요. 왕, 관리, 지방의 세력가인 호족은 지배층에 속했고, 양인과 천인은 지배를 받는 피지배층이었지요. 양인에 속하는 고려 시대의 농민은 나라에서 정한 세금을 내야 했어요. 뿐만 아니라, 궁궐을 짓거나 도로를 만들 때 불려 나가 끼니조차 알아서 해결하며, 아무런 대가 없이 일해야 했기 때문에 더 힘들었답니다.

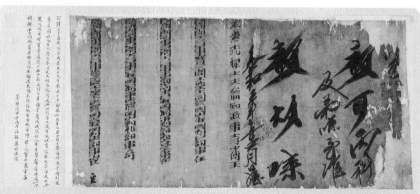

고려 시대 과거제에서 진사시에 급제한 '장양수'라는 사람에게 내려진 홍패예요. 홍패는 과거 시험에 급제한 사람에서 주던 합격증 같은 거예요.

이런들 어떠하리
　저런들 어떠하리
　　이 몸이 죽고 죽어
　　　일백 번 고쳐 죽어

　13세기 칭기즈 칸이 몽골족을 통일하고 세력을 확장하며 대제국을 이루던 때, 고려는 계속 몽골의 침략을 받았어요. 농민부터 노비 출신의 천민까지 백성들이 나서서 목숨을 걸고 몽골에 맞서 싸우자, 아무리 세계 최강의 몽골이라 해도 움찔할 수밖에 없었지요. 전쟁에 시달리며 굶주리고 고통스러웠던 백성들의 삶, 지배층의 분열로 약해진 고려의 무신 정권은 무너지고 고려는 몽골과 강화를 맺었어요. 그 후 백여 년 동안 고려는 몽골의 간섭과 지배를 받아야 했지요. 이에 맞서 고려는 개혁 정치를 펼쳤는데, 이때 새롭게 등장한 지배 세력들은 개혁을 두고도 의견을 달리했어요. 이러한 지배 세력들의 대립은 이후에 결국 고려가 무너지고 새로운 왕조를 탄생시키는 바탕이 되지요.

　공민왕이라고 들어 봤나요? 원나라의 간섭에서 벗어나고자 개혁 정치를 펼친 고려의 임금이에요. 고려는 몽골의 침략 이후 백 년 가까이 몽골이 세운 원나라의 간섭을 받았어요. 공민왕은 자주적인 고려를 만들기 위해 개혁을 펼쳤지요.

　"저들의 풍속인 변발을 풀고 호복을 벗는다. 원나라가 설치한 쌍성총관부를 쳐서 빼앗긴 철령 이북의 땅을 되찾는다."

　또한 권문세족의 힘을 누르는 것도 중요했어요. 권문세족은 원나라를 등에 업은 지배 세력으로, 권력을 독차지하고 부정부패를 일삼았거든요. 이들을 비판하며 공민왕의 개혁에 뜻을 같이한 학자 관료들이 있었는데, 그들은 '신진 사대부'였어요. 공민왕이 신하에게 죽임을 당한 뒤에도 신진 사대부들은 개혁의 끈을 놓지 않았어요. 이런 신진 사대부의 대표적 인물이 바로 정몽주와 정도전이에요. 둘은 성리학을 같이 공부한 벗이기도 했지요.

　한편, 신진 사대부와 함께 새로운 무인 세력이 또 다른 세력으로 떠

오르고 있었어요. 고려 말에는 외적이 자주 침입해서 나라가 어지럽고 백성들의 삶이 몹시 고달팠어요. 북쪽에선 홍건적이, 남쪽에선 왜구가 쳐들어왔거든요. 이런 외적들을 물리치며, 최영과 이성계, 최무선, 박위 같은 장수들이 이름을 떨쳤어요.

특히 이성계는 삼남 지방을 쑥대밭으로 만든 왜구를 크게 무찔러 그야말로 나라를 구한 영웅이 되었어요.

"이성계 장군, 만세! 황산에서 아지발도와 왜구를 끝장냈다네!"

왜구든 홍건적이든 원나라 세력이든 이성계가 싸웠다 하면 모두 이기니 백성들이 믿고 우러를 수밖에 없었지요.

이성계의 명성을 듣고 어느 날 정도전이 함경도로 직접 찾아갔어요. 정도전은 권문세족의 눈 밖에 나 관직에서 쫓겨난 뒤 벌써 여러 해 동안 여기저기 떠돌며 어려운 생활을 하고 있었어요.

"이런 군대를 가진 장군이라면 못 이룰 일이 없겠습니다."

정도전은 이성계와 그의 군대를 보고 감탄했어요. 이성계의 힘이라면 세상을 바꾸려는 자신의 꿈을 이룰 수 있을 거라고 생각했지요. 이성계 또한 정도전의 기대와 포부를 알아차렸을 거예요. 두 사람은 그렇게 뜻

정도전의 문집인 《삼봉집》이에요. 고려 말부터 조선 전기까지의 문인이자 학자였던 정도전은 나랏일뿐 아니라, 시와 문장에도 능력이 뛰어나 많은 책을 썼어요.

이 맞아 손을 맞잡게 되었어요.

"이성계가 제아무리 난다 긴다 한들 변방의 장수 아닌가? 저 동북면에서 여진족과 구르던 촌뜨기라고."

개경에서 권세를 부리던 귀족들의 속내는 이랬어요. 이성계는 명망이 치솟고 높은 벼슬에도 올랐지만 그의 뒤에는 변방 출신이라는 꼬리표가 따라다녔거든요. 또, 그의 앞에는 최영이라는 넘기 힘든 산이 버티고 있었지요.

최영은 고려에서 손꼽히는 가문 출신이었어요. 위기 때마다 나라를 구했던 뛰어난 장군이자 고려 왕실의 든든한 수호자였지요. 황금을 돌같이 보는 청렴한 대신이기도 해서 백성들의 존경을 한 몸에 받고 있었어요. 이성계 역시 자신을 믿고 끌어 준 최영을 존경했지만 결국 그와 등을 돌리게 되는 사건이 일어났어요.

"어떻게 되찾은 우리 땅인데, 철령 이북을 내놓으라니!"

원나라를 몰아내고 새로 들어선 명나라는 옛 쌍성총관부 지역을 자기네가 차지하겠다고 억지를 부렸어요. 공민왕 때 도로 찾은 그 땅을 말이에요. 최영은 강하게 반발했지요. 이참에 요동을 쳐서 명나라에 본때를 보이자고 주장했어요. 그러자 이성계가 반대했어요.

"네 가지 옳지 못한 이유가 있습니다. 첫째, 작은 나라가 큰 나라를 거스르는 것이 옳지 못하고, 둘째, 농사일이 바쁜 여름철에 군사를 모으는 것이 옳지 못합니다. 셋째, 온 나라의 군사가 멀리 싸우러 나가면 왜구가 그 틈을 노릴 것이며, 넷째, 지금은 덥고 습한 장마철이라 활의 아교가 풀어지고, 많은 군사들이 전염병에 걸릴 것입니다."

현재 경기도 고양시에 있는 최영 장군의 묘예요. 최영 장군은 고려 말기의 충신으로, 여러 번 왜구의 침입을 물리치고 반란을 잠재웠던 명장이에요.

하지만 반대에도 불구하고 최영은 요동 정벌을 밀고 나아갔어요. 이성계도 수만 명의 군사를 이끌고 요동으로 떠나야 했지요.

압록강에 있는 섬 위화도에 이르러 이성계는 명나라가 아닌 개경으로 군사를 돌렸어요. 이 사건이 바로 그 유명한 '위화도 회군'이에요. 임금의 명령을 어기고 말 머리를 돌렸다는 것은 곧 정변을 뜻해요. 요동 정벌을 위해 모든 군사를 내준 최영은 이성계를 막을 수 없었지요. 결국 왕은 쫓겨나고, 최영도 유배되었다가 곧 죽임을 당했어요. 고려를 지키던 큰 산 하나가 무너진 것이지요. 이성계와 그를 도운 신진 사대부들은 그렇게 권력을 장악했어요.

이성계와 신진 사대부들은 허수아비 왕으로 공양왕을 세운 뒤, 토지 제도를 개혁했어요. 권문세족이 사사로이 차지한 대토지를 없애고, 조세를 거둘 수 있는 권리를 국가 기관이나 관리들에게 나누어 주었지요. 정도전이 생각한 토지 개혁에는 못 미치는 것이었지만, 세금을 확 줄여 주고 불법적인 수탈을 막아서 백성들의 생활은 훨씬 나아졌어요.

"쌀밥을 먹는 게 얼마 만인가? 쌀밥이 아니라 '이밥'이구먼. 이성계 덕분에 먹는 이밥!"

이성계 세력은 그렇게 백성의 마음을 얻었어요. 이제 정도전을 비롯한 급진적인 개혁파는 고려 왕조를 무너뜨리고 이성계를 왕으로 한 새로운 나라를 일으키고자 했어요. 하지만 정몽주와 같은 온건파는 고려 왕조만은 지키려고 했지요. 갈라진 두 세력은 팽팽하게 맞섰어요. 정몽주는 정도전을 공격해서 유배를 보냈어요. 그리고 이성계가 말에서 떨어져 크게 다치자 그 틈을 이용해 급진 개혁파를 모두 죽이려고 했지요. 이런 위기 속에서 나타난 이가 '이방원'이에요. 이성계의 다섯째 아들이자 훗날 조선의 세 번째 임금 태종이 되는 인물이지요.

"제가 시조 한 수를 지어 드릴까 합니다."

어느 날 이방원이 정몽주에게 말했어요.

이런들 어떠하리 저런들 어떠하리
만수산 드렁칡이 얽혀진들 어떠하리
우리도 이같이 얽혀서 백 년까지 누리리라

이방원의 '하여가'라는 시조예요. 정몽주도 곧 여기에 답하는 시조
를 지었어요.

이 몸이 죽고 죽어 일백 번 고쳐 죽어
백골이 진토되어 넋이라도 있고 없고
임 향한 일편단심이야 가실 줄이 있으랴

이건 '단심가'라고 해요. 두 시조가 무얼 말하고 있는지 볼까요?
이방원은 칡덩굴이 얽히듯이 당신도 우리와 어우러져서 뜻을 같이

하는 게 어떠냐고 했고, 정몽주는 죽어서 흙먼지가 될지언정 고려의 신하로 남겠다는 뜻을 분명히 밝힌 거예요. 두 시조 사이에 흐르는 긴 장감이 느껴지나요?

'죽이지 않으면 우리가 죽는다.'

이방원은 정몽주를 없애기로 마음먹었고, 선죽교에서 정몽주를 죽였어요. 고려를 버티고 있던 마지막 높은 산이 무너진 거예요.

몇 달 뒤 이성계는 왕이 되었지요. 1392년, 새로운 왕조 조선은 그렇게 시작되었어요.

새로운 나라 조선의 수도, 한양

새로운 나라 조선을 건국한 태조 이성계는 수도를 옮기고자 했어요. 그래서 신하들에게 조선의 수도로 적당한 곳을 찾아보라고 명했지요. 조선의 수도를 한양으로 정하게 된 것에 관해 전해지는 이야기가 있어요.

어느 날 이성계의 왕사인 무학 대사가 조선의 수도가 될 만한 곳을 둘러보다가 어느 곳에 이르자 명당이라는 생각을 하던 찰나, 한 노인이 소를 타고 지나가면서 이렇게 말했어요.

"이 소가 왜 엉뚱한 길로 가는 것이냐, 무학이라도 따라가려는 게냐?"

노인의 말에 깜짝 놀란 무학 대사는 노인이 보통 사람이 아니라는 것을 알아채고는 어떤 곳이 명당인지 알려 달라고 했어요. 그러자 노인이 말했어요.

"이곳에서 서쪽으로 십 리를 더 가 보면 알 것이오."

무학 대사가 노인의 말대로 십 리를 간 곳에는 산과 강이 아름답게 펼쳐져 있는 땅이 있었어요. 이곳이 바로 한양이에요. '한강의 북쪽'이라는 뜻의 한양은 남으로 한강이 굽이굽이 휘감아 돌고, 북으로는 산이 알을 품고 있는 것 같았지요.

나라의 중심이며, 뱃길이 사방으로 통하는 한양을 이성계는 수도로 정했어요. 1394년 한양은 조선의 수도가 되었고, 이곳에 경복궁이 들어서게 되지요. 태조 이성계는 유교를 받들고 불교를 억압하는 정책, 농업을 바탕으로 삼는 정책, 강한 나라와 약한 나라에 맞는 외교를 하겠다는 정책을 펼쳐 민심을 회복하고 나라를 안정시키고자 했어요.

서울 종로구에 있는 경복궁의 근정전이에요. 나라의 중대한 의식을 치르던 건물이지요.

백성을 가르치는 바른 소리

　태조 이성계가 왕이 된 지 7년 만에 왕자 방과에게 왕위를 물려주면서 조선의 2대 왕이 탄생하지요. 그가 바로 정종이에요. 하지만 조선을 세우는 데 큰 공을 세웠던 방원의 권력이 워낙 강했던 탓에, 정종은 서둘러 왕위를 방원에게 물려주었어요. 그가 바로 조선 3대 임금인 태종이에요.

　태종은 왕위에 오르기 위해 형제들과 대신들을 많이 죽였지만, 백성을 위한 제도들을 마련하는 등 나라를 안정시키기 위해 많은 노력을 했지요. 이러한 바탕 위에서 다음 왕위에 오른 세종은 과학과 문화를 발전시키고 우리글인 한글을 만드는 등 조선 시대의 황금기를 이루었어요.

달력에 빨간색으로 표시된 10월 9일이 무슨 날인지 잘 알고 있지요? 맞아요, 한글날이에요. 왜 그날이 한글날이 되었을까요? 세종이 훈민정음을 반포한 날, 즉 세상에 널리 퍼뜨려 백성에게 알린 날이기 때문이에요. 1446년 음력 9월 10일을 양력으로 바꾼 날이지요.

훈민정음은 '백성을 가르치는 바른 소리'라는 뜻이에요. 세종이 우리 글자를 만들어서 그렇게 이름을 지어 붙였어요. 훈민정음은 글자 이름이면서 그것이 담긴 책 이름이기도 해요.

우리나라 말이 중국과 달라 한자와는 서로 통하지 아니하므로
이런 까닭에 어리석은 백성이 말하고자 하는 바가 있어도
마침내 제 뜻을 펴지 못하는 사람이 많다.
내가 이를 가엾게 여겨 새로 스물여덟 자를 만드니
모든 사람이 쉽게 익혀 날마다 쓰는 데 편하게 하고자 할 따름이다.

세종이 지은 훈민정음의 서문이에요. 세종이 왜, 무엇을 위해 새로운 글자를 만들었는지 간결하고 분명하게 밝힌 글이지요.

한자는 한글과 다르게 소리글자가 아니라 뜻글자예요. 글자 하나하나가 소리와 상관없이 어떤 뜻을 나타내는 글자이지요. 그런 수많은 한자를 알아야 읽거나 쓸 수 있는데, 당시에 교육의 기회조차 제대로 갖지 못한 백성들한테 한자는 너무나 어려운 글자였어

훈민정음의 서문에는 세종이 훈민정음을 창제한 목적과 뜻이 나타나 있어요.

요. 여유 있는 양반들도 수십 년 꾸준히 익혀야 하는 것을, 먹고살기 바쁜 대다수 백성들이야 말해 뭐하겠어요.

글을 모르는 백성들을 위해 몸소 글자를 만든 왕. 전 세계에서 유례를 찾기 힘든 일일 거예요. 세종은 대체 어떤 왕이었기에 이런 일이 가능했을까요?

세종은 태종의 셋째 아들로, 조선의 네 번째 임금이에요. 원래 태종의 맏아들인 양녕 대군이 왕이 될 세자였지만 자꾸 도리에 어긋나는 행동을 하고 뉘우치지도 않아 세자 자리에서 쫓겨났지요.

"충녕 대군은 어질고 총명하며, 학문을 좋아하여 게을리하지 않으니 세자가 되기에 꼭 알맞다."

충녕 대군이 바로 세종이에요. 태종은 아들의 뛰어남과 사람됨을

잘 알고 있었어요. 몹시 추운 날이건 더운 날이건 충녕 대군은 밤새도록 글을 읽어서 태종이 말릴 정도였다고 해요. 또, 큰일에 있어서 결정하기 어려운 문제를 판단하는 데는 충녕 대군에 비길 사람이 없다며 크게 칭찬하기도 했어요.

태종은 강한 결단력과 권위로 왕권을 튼튼히 한 뒤에 임금 자리를 물려주었지요. 그런 바탕 위에서 세종은 탁월한 능력을 펼치며 신하들과 조화롭게 정치를 이끌어 갔어요.

"나라를 다스릴 때 가장 먼저 해야 할 일은 인재를 얻는 것이다."

세종은 어떤 일에 꼭 맞는 사람이라면 끝까지 그 일을 믿고 맡겼어

세종 대왕의 두터운 신임을 얻었던 황희 정승은 조선의 명재상으로, 청렴하면서도 인자한 성품으로 널리 알려졌어요.

요. 특히 정승과 같은 중요한 자리는 더욱 그랬지요. 그 대표적인 예가 황희 정승이에요. 그는 18년 동안 영의정을 지냈고 87세가 되어서야 자리에서 물러났어요.

능력만 있다면 신분도 크게 상관하지 않았어요. 장영실은 노비 신분이었지만 과학적인 재능이 뛰어나 세종이 아끼는 신하가 되었어요. 자동 물시계, 해시계, 천체 관측기구 등을 만들어서 과학 기술 발전에 크게 이바

지했지요. 장영실은 노비 신분을 벗고 높은 벼슬도 얻었어요.

세종 하면 집현전을 빼놓을 수 없는데, 여기서 쟁쟁한 인재를 많이 길러 냈어요. 집현전은 궁궐 안에 설치한 학문 연구 기관이었는데, 젊고 유능한 학자들이 오랜 기간 집현전에

세종 때 만든 오목한 솥 모양의 해시계인 '앙부일구'예요.

소속되어 학문 연구에 온 힘을 쏟았어요. 이들의 연구 활동이 밑받침되어 세종 시대의 문화와 유교 정치는 활짝 꽃필 수 있었답니다.

세종은 아주 부지런히 공부하는 왕이었어요. 스스로가 대단한 학자이자 여러 방면의 전문가였지요. 세종은 왜 그렇게 치열하게 공부했을까요? 세종에게 학문의 목적은 오로지 나라를 잘 다스리기 위한 것이었어요. 그래서 실생활에서 쓸 수 있는 것들을 공부했지요. 조선에 알맞은 제도나 방식을 찾으려고 애썼고, 그 과정에서 농업, 과학, 지리, 의학, 역사, 윤리, 군사 등 다양한 분야의 책이 편찬되었어요.

게다가 세종은 소통하는 왕이었어요. 신하들의 의견을 귀담아듣고, 가장 좋은 방안을 내기 위해 끊임없이 토론했어요. 그뿐만 아니라 백성의 생각을 직접 들으려고 여론 조사까지 했어요. 세금 제도를 바꾸는 것에 대해 전국의 백성들에게 찬반 의견을 묻기도 했어요. 무려 다

섯 달에 걸쳐 17만 2천여 명을 대상으로 의견을 조사했다고 해요. 이처럼 세종은 모든 일의 중심에 백성을 두었어요. 백성을 이롭게, 편안하게, 잘살게 하는 것이 세종에게는 나랏일의 근본이었던 거예요.

1443년, 세종이 드디어 훈민정음을 창제했어요. 누구나 배우기 쉽고 간편하게 쓸 수 있는 우리 글자 말이에요.

한글의 원리가 얼마나 과학적이고 독창적인지 알고 있나요? 소리를 내는 위치와 방법에 따라 자음을 만들었는데, ㄱ은 혀뿌리가 목구멍을 막는 모양, ㄴ은 혀끝이 윗잇몸에 닿는 모양을 본떴어요.

처음 만들 때의 훈민정음은 28자였는데, 네 글자 ㆁ, ㆆ, ㅿ, ㆍ는 점차 쓰지 않게 되어 훗날 24글자가 되지요.

ㅁ은 입술 모양, ㅅ은 이의 모양, ㅇ은 목구멍의 모양을 본뜬 거지요. 여기에 획을 더하는 방식으로 비슷하지만 조금씩 다른 소리를 나타내는 거예요. 모음의 기본은 하늘(·)과 땅(ㅡ), 사람(ㅣ)을 본떠서 만들었어요. 한마디로 우주를 담았다고 할까요? 이런 자음과 모음 28자만으로 우리말의 모든 소리를 나타낼 수 있게 된 것이지요.

세계가 감탄하는 이 놀라운 글자가 어떻게 만들어졌는지 그 과정은 자세히 알 수 없어요. 훈민정음은 '임금이 몸소 글자를 지었다'는 기록과 함께 갑자기 등장했거든요. 그래서인지 한글은 세종의 명령에 따라 집현전 학자들이 만든 거라고 전해져 왔어요. 그 엄청난 일을 세종이 혼자 했으리라는 것은 누구도 믿기 어려우니까요. 하지만 실록이나 훈민정음 원본이나 집현전 학자들이 글자 만드는 데 참여했다는 기록은 전혀 없어요. 오히려 당시 기록은 하나같이 세종이 직접 만들었다는 걸 분명히 밝히고 있지요. 여러 정황으로 미루어도 세종은 신하들 모르게 비밀리에 한글을 만든 것으로 보여요. 세자였던 문종과 다른 왕자, 공주 등이 세종을 도왔을 거라는 이야기도 있지요.

"따로 글자를 만드시다니요, 어찌 중국을 버리고 오랑캐와 같아지려고 하십니까?"

훈민정음 창제 직후 최만리를 비롯한 집현전 학자들은 격렬한 반대 상소를 올렸어요.

"이런 속된 글자는 필요도 없고 학문에 방해만 될 것입니다. 그저 신기한 재주일 뿐 도무지 좋을 게 없습니다."

이런 사람들이 한글을 같이 만들었을 리가 없잖아요? 특히 강하게 반대한 최만리는 사실상 집현전의 우두머리였으니까 말이에요. 다만 창제 이후에 정인지와 집현전의 젊은 학자들이 세종의 지휘 아래 훈민정음을 해설한 해례본을 만들고, 널리 알리는 일에 참여했어요.

문자를 아는 것이 곧 권력이던 시대에 세종은 그 힘을 백성한테도 나눠 주려고 했어요.

백성을 가르치는 바른 소리.

훈민정음을 만든 뿌리는 결국 백성을 사랑하는 마음이었겠지요. 그 마음 덕분에 지금 우리도 아름다운 한글을 마음껏 누리고 있는 거겠지요?

> **'한글'이라는 말의 의미**
> '한글'이라는 말은 20세기 초부터 쓰이기 시작했어요. 일본에게 나라를 빼앗겼던 일제 강점기에 우리말과 글을 국어, 국문으로 부를 수 없게 되자 국어학자인 주시경이 '한글'이라는 말을 처음 써서 우리 글자를 일컬었다고 해요. 한글의 '한'은 우리 겨레를 뜻하는 말이기도 하고, '큰' 또는 '으뜸'의 뜻도 가지고 있어요.

과학, 예술, 의학의 발전을 이룬 조선 초기

백성이 넉넉하게 잘살아야 한다는 세종의 마음은 조선 초기 다양한 분야의 발전을 이루었어요. 당시는 농사가 매우 중요했지만, 농사 짓는 기술이 발달해 있지 않았지요. 세종은 중국이 아닌 우리의 땅과 기후에 맞는 땅고르기, 씨뿌리기, 김매기 등의 농사 기술을 정리한 《농사직설》을 펴내도록 했어요.

또 《향약집성방》이라는 의학 책을 만들어서 우리 땅에서 나는 약재로 병을 치료할 수 있도록 했어요. 당시 중국에서 들어오는 약재는 매우 비싸서, 가난한 백성은 약 한 번 제대로 쓰지 못하는 일이 많았어요. 《향약집성방》은 다양한 의학 책들을 바탕으로 펴낸 의학 백과사전으로, 오늘날까지 우리나라, 중국, 일본의 한의사들도 이용하고 있지요.

예전에는 나라에 중요한 행사가 있을 때 궁중에서 음악을 연주했는데, 세종 때까지만 해도 중국 송나라의 음악을 연주했어요. 세종은 '악기도감'이라는 관청을 두고 박연으로 하여금 궁중 음악을 새롭게 정비하도록 했어요. 박연은 우리의 감정과 운율에 맞는 음악과 악기들을 만들었지요.

이렇게 세종 대왕은 과학뿐 아니라 예술과 의학 등 모든 분야를 골고루 발전시키며 조선 초기 문화의 기틀을 튼튼히 다지고 태평성대를 이루었답니다.

세종의 명에 따라 만들어진 《향약집성방》은 여러 의학 책을 참고로 만들어진 것으로, 이후 증간되어 총 85권 30책으로 이루어져 있어요.

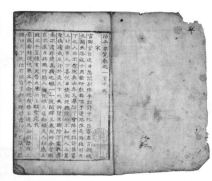

집현전 학사들이 세종의 명에 따라 만든 《치평요람》이에요. 우리나라와 중국 역사 속에 정치를 하는 사람들의 모범이 될 만한 것들을 뽑아 엮은 책이지요.

신에게는 아직 열두 척의 배가 있습니다

세종이 한글을 만들고 조선은 최고의 황금기를 누리며 100년이 넘는 꽤 오랜 시간 동안, 큰 흔들림 없이 나라가 평탄했어요. 그러던 어느 날, 조선은 일본의 침략을 받으며 혼란에 빠졌어요. 일본의 침략에 맞서 백성들은 스스로 군인이 되어 목숨을 바쳐 싸웠어요. 그러나 계속된 일본의 침략에 조선은 아주 커다란 피해를 입었지요. 밀고 밀리는 싸움에서 계속된 조선 백성들의 저항과 이순신의 활약으로 결국 일본은 물러갔지만 많은 백성이 목숨을 잃었을 뿐 아니라 중요한 문화재와 책들, 건물들이 불에 타 버렸고 일반 백성과 많은 기술자들이 일본으로 끌려갔어요.

"명나라를 치려고 하니 조선이 길을 좀 내어 주시지?"

일본을 통일한 도요토미 히데요시는 이런 뻔뻔한 구실을 내세워 임진년인 1592년, 20만 대군을 보내 조선으로 쳐들어왔어요. 바로 임진왜란이 일어난 거예요. 4월 부산으로 침입한 일본군은 거침없이 밀고 올라왔어요. 일본은 '전국 시대'라는 전쟁과 혼란의 시기를 100년 넘게 겪으면서 싸움이라면 이골이 날 정도로 단련되어 있었거든요. 그런 반면에 조선은 이런 상황에 제대로 대비하지 못했어요. 게다가 일본군의 신식 무기인 조총이 조선군을 더욱 곤경에 빠뜨렸지요.

일본군은 경상도를 거쳐 충주 방어선을 뚫고, 침략 20일 만에 한양을 점령했어요. 그들은 조선 임금의 항복만 받아 내면 끝이라는 계산이었지만 사실 선조는 거기에 없었어요. 이미 난리를 피해 도성을 떠난 뒤였거든요. 신하들이 울면서 말리고, 도망치는 임금에 대한 백성의 분노와 원망이 하늘을 찔러도 선조는 북으로, 북으로 올라갔어요. 개성에서 평양으로, 다시 의주로 갔지요. 요동으로 망명까지 하려고 했는데 명나라가 받아들이지 않았어요.

　일본은 북쪽으로 진격하며, 이제 조선 땅 전체를 삼키는 건 시간 문제라고 생각했어요. 군량 같은 물자와 지원군만 제때 온다면 말이에요. 하지만 모든 게 일본의 뜻대로만 되지는 않았지요. 조선에는 이순신이 있었으니까요.

　이순신은 임진왜란이 터지기 바로 전 해에 전라도 수군을 이끄는 지휘관이 되었어요. 전라도를 동쪽과 서쪽으로 나누어 각각 좌수영과 우수영을 두었는데, 이순신은 좌수영의 우두머리라서 '전라 좌수사'라고 했지요. 이런 식으로 경상도에도 좌수사와 우수사가 있었어요.

　이순신은 왜적의 침입에 철저히 대비했어요. 전투에 쓸 배를 만들고, 주요 무기인 화포를 정비했어요. 또, 적에 대한 정보를 살펴 모으고, 군사 훈련에 박차를 가하는 등 전쟁 준비에 온 힘을 쏟았어요.

　적이 처음 부산 앞바다로 쳐들어왔을 때, 경상 좌수영과 여러 성이 줄줄이 무너지자, 경상 우수사인 원균은 싸움을 지레 포기하고 스스로 배와 무기를 바다에 가라앉혔어요. 그 후 육지로 달아나려고 했는데, 다른 무관이 말리면서 전라도에 도움을 요청하자고 했지요. 그래서 원균은 이순신에게 도와달라고 했어요.

　이순신은 판옥선을 비롯해 수십 척의 배를 이끌고 와, 옥포에서 적을 쳤어요. 강한 화포로 적을 부수고, 적의 배보다 크고 튼튼한 판옥선으로 세게 부딪쳐 공격했지요. 결과는 대승리! 이순신은 적선 수십 척을 부수고 수많은 왜적을 무찔렀어요. 조선군 피해는 기껏해야 1명이 조금 다쳤을 뿐이에요. 전쟁이 시작되고 약 한 달 만에 처음으로 조선군이 크게 이긴 거였어요.

그 뒤에도 이순신과 수군의 활약은 대단했어요. 나가서 싸우기만 하면 왜적을 꼼짝 못하게 했으니까요. 특히 한산도 대첩은 많이 들어 봤을 거예요. 물길이 좁은 곳에 있던 적을 한산도 앞바다로 유인해 학익진을 펴서 크게 이긴 싸움이지요. 학익진은 학이 날개를 편 모양으로 적을 둘러싸는 진형이에요. 그리고 그때, 거북선도 한몫했어요. 거북 등 같은 배 위에 칼과 송곳을 잔뜩 꽂아서 적이 기어오를 수 없고,

조선 시대의 거북선을 축소하여 제작한 것이에요. (전쟁기념관 제공)

사방으로 화포를 쏘며 적을 들이받고 다니면 꼼짝 못 하는 거지요. 이 싸움에서 70여 척에 이르던 적선 대부분을 쳐부수고 불살랐어요. 겨우 살아남은 왜적은 도망가기 바빴고 왜적의 장수도 가까스로 탈출했다고 해요.

임진왜란 때 이순신이 전쟁 중에 쓴 일기인 《난중일기》예요. 임진왜란의 시작부터 끝까지 그 과정이 기록되어 있어 국보로 지정하여 보호하고 있지요.

이렇게 조선 수군이 남해를 장악하자, 일본의 원래 계획이 크게 틀어져 버렸어요. 일본 수군이 남해안을 돌아 서해로 가서 한양, 평양 등에 있던 육군을 지원하려고 했는데, 그 길이 딱 막혀 버린 거예요. 바다로부터 보급이 끊겼으니 어려워질 수밖에요. 또, 전라도로 들어가 곡창 지대를 차지하겠다는 야무진 꿈도 이순신 앞에서는 물거품이 될 뿐이었지요.

바다에서의 승리와 더불어 육지에서는 의병까지 일어나 전쟁의 흐름이 바뀌기 시작했어요.

"내 가족, 내 고을을 누가 지켜 주겠나? 내 손으로 지켜야지."

관군이 모두 죽거나 흩어져 달아나는 상황에서, 곽재우, 조헌, 고경명, 김천일 등의 의병장이 삼남 지방 곳곳에서 떨쳐 일어났어요. 이들은 전 재산을 털어 가며 의병을 일으켰고, 수많은 의병이 이들과 함께 목숨을 바쳐 싸웠어요. 또 서산 대사, 사명 대사 같은 승려를 중심으로 승병이 일어나기도 했지요.

선조의 요청으로 명나라에서도 지원군이 오면서, 싸움이 점점 어려워진 일본은 1593년 명나라와 휴전 회담을 하기 시작했어요. 하지만 회담이 진행되는 중에도 치열한 전투가 벌어지는 등 백성들은 여전히 고통스러웠지요.

오랫동안 끌어온 휴전 협상이 결국 깨지고, 1597년 일본은 다시 조선을 쳐들어왔어요. 이 전쟁을 '정유재란'이라고 해요. 도요토미 히데요시는 14만 대군을 보내면서 조선의 남도 지역을 확실히 장악하고자 했어요. 이번에는 특히 전라도 지역을 꼭 차지하려고 했지요. 이순신이 있으니 걱정 없었을 것 같다고요? 그런데 하필 이때 이순신은 큰 고비를 맞이했어요.

"이순신을 잡아 오도록 하여라. 그의 죄가 죽여 마땅하다."

선조는 전부터 이순신을 깎아내리며 탐탁지 않아 했어요. 마침 이순신이 곤경에 처하자 여러 신하들이 그를 모함하면서 죄인으로 몰아갔지요. 한산도에서 서울로 붙잡혀 온 이순신은 다행히 목숨은 건졌지만, 모진 고문을 받고 풀려나 백의종군해야 했어요.

이순신을 몰아내고 그 자리에 앉은 건 원균이었어요. 그는 전선을 총동원해 싸우러 나갔지만 칠천량에서 크게 패하고 말았어요. 왜군이 갑자기 덮치자 손쓸 틈 없이 무너진 거예요. 전술도 지혜도 없이 무턱대고 배를 이끈 지휘관 탓이 컸어요. 수군이 전멸하자 일본은 드디어 호남으로 뚫고 들어가 전라도를 삼켜 버렸어요. 조선은 큰 어려움에 빠졌고, 이순신이 다시 수군통제사에 임명되었어요.

공들여 키운 수군이 송두리째 날아간 상황이었고, 조정에서도 수군은 없는 거나 마찬가지니까 차라리 육지로 가서 힘을 보태라고 했지요. 그때 이순신은 이런 보고를 올렸어요.

"임진년부터 5~6년간, 적이 감히 전라도와 충청도를 바로 뚫지 못한 것은 우리 수군이 그 길목을 꽉 잡고 있었기 때문입니다. 지금 신에게는 아직 열두 척의 배가 있습니다. 전선의 수는 비록 적지만, 신이 죽지 않았으니 적이 감히 우리를 얕보지는 못할 것입니다."

내 어떤 상황에서도 전투에 나아가 승리하리라!

그리고 이순신은 병사들에게 이렇게 말했지요.

"죽기로 싸운다면 반드시 살 것이요, 살고자 한다면 반드시 죽을 것이다."

이순신은 한 척을 더해서 13척의 판옥선으로 명량에서 적을 기다렸어요. 명량은 좁은 해협으로 물살이 매우 빠른 곳이에요. 일본은 자신만만했어요. 아무리 이순신이라 한들 고작 10여 척으로 뭘 어쩌겠나 싶었던 거지요. 일본의 전선 133척이 밀물을 타고 까맣게 몰려왔어요. 어떤 기록에는 300척이 넘었다고도 해요. 조선의 배들은 뒤로 슬슬 물러났고, 이순신이 탄 사령선만이 적과 외롭게 맞서 싸웠어요.

"군법에 죽고 싶으냐? 물러난다고 해서 살 것 같으냐?"

이순신의 호통에 다른 배들도 적에게 나아가 싸우기 시작했어요. 곧 썰물로 물의 흐름이 바뀌자, 조선 수군은 빠른 물살을 타고 한꺼번에 왜군을 밀어붙였어요. 좁은 해협에 몰려 있던 적의 배들이 부딪히고 부서지며 정신없이 밀렸지요. 생각지도 않게 큰 타격을 받은 왜군은 마침내 물러났고, 다시는 이순신과 싸우려 들지 않았어요. 이 기막힌 승리를 이룬 전쟁이 바로 '명량 대첩'이에요.

일본은 다시 길이 막혔고, 1598년 도요토미 히데요시가 죽자 조선에서 물러났어요. 돌아가는 왜적과 끝까지 맞서 싸우던 이순신은 노량 앞바다에서 승리를 거두며 전사했지요. 그의 마지막은 7년에 걸친 전쟁의 마지막이었어요.

위태로운 나라를 살린 의병들

일본이 쳐들어와 한양과 평양을 함락시키고, 경복궁이 불타는 동안 왕은 가장 먼저 피란을 갔어요. 또 누구보다 앞장서서 나라를 지켜야 할 조정의 대신들과 관군들도 도망치기에 급급했지요. 이렇게 힘든 상황에서 나라를 지켜 낸 것은 전국에서 일어난 의병이었어요.

임진왜란 때 의병장으로 활약한 곽재우의 유물들이에요.

백성들은 자기가 사는 마을을 지키기 위해, 또 나라를 지키기 위해 스스로 군인이 되어 나섰고 그렇게 나선 백성들은 의병 부대를 만들었어요.

양반, 농민, 노비가 힘을 합해 부대를 만들고, 의병을 이끄는 대장은 마을의 가장 이름 있던 양반이 맡았지요. 나라 곳곳 전국 각지에서 일어난

임진왜란 때 의병장으로 활약한 최문병이 썼던 말안장이에요.

의병들은 왜군이 지나가는 길목에 갑자기 나타나 번개처럼 공격하고 사라지곤 했어요.

이때 가장 유명한 의병 부대가 바로 곽재우 부대, 고경명 부대, 조헌 부대, 김천일 부대예요.

곽재우는 임진왜란이 일어나자 가장 먼저 의병을 일으켰는데, 붉은 옷으로 군복을 만들어 입었기 때문에 '홍의장군'으로도 불렸지요. 이들뿐 아니라 스님들이 모여 만든 승병 부대도 큰 활약을 했어요.

끝없는 우주에는
중심과 주변이 따로 없다

　일본의 침략을 받았던 임진왜란이 끝나자 이번에는 청나라에서 조선을 쳐들어온 병자호란이 일어났어요. 두 개의 큰 전쟁을 치르면서 조선 사회도 뭔가 변화가 필요했어요. 백성들이 좀 더 잘살고 나라를 튼튼히 할 수 있는 방법이 절실하게 필요했던 거지요. 그동안 조선 사회에 지배적으로 영향을 끼쳤던 성리학은 우주의 질서와 인간의 심성을 깊이 연구하는 학문이었지만, 이를 발전시켜 백성들의 삶에 실질적으로 필요한 것을 고민하고자 하는 노력이 계속되었어요. 그렇게 조선 후기에 등장한 학문이 바로 '실학'이에요. 실학을 연구하는 많은 학자들은 나라를 다스리는 일부터 백성의 생활 전반에 도움이 되는 것까지 다양한 연구를 했어요.

　임진왜란이 끝나고 40년도 채 되지 않아서 조선은 또다시 큰 전쟁을 치러야 했어요. 바로 '병자호란'으로, 이번에는 청나라가 쳐들어온 거였지요. 조선은 청나라에 굴욕적으로 항복한 뒤 강한 적개심을 품게 되었어요.

　"비록 힘에 밀려 무릎을 꿇고 말았지만 저들은 야만스러운 오랑캐일 뿐이다."

　명나라가 멸망한 뒤에도 조선은 여전히 중국 한족의 문화를 '중화', 즉 문명의 중심이라고 여겼어요. 청나라는 오랑캐의 나라이고, 조선이야말로 사라진 중화를 이어받은 문명의 나라라고 생각했지요.

　중국을 뜻하는 '화', 오랑캐를 뜻하는 '이'. 중국을 받들고 오랑캐를 물리친다는 '화이론'은 조선의 기본적인 정책이자 세계관이었어요. 훈민정음을 만들었을 때 반대하던 신하들이 주장했던 말을 기억하나요? 중국을 버리고 오랑캐가 될 거냐며 펄쩍 뛰었지요.

　이런 중화주의가 깊이 뿌리내리면서 조선의 성리학도 점점 더 깊어졌어요. 16세기 이황과 이이가 대표적인 성리학자예요. 17세기 성리학은 학문의 기준이 되어 버려서, 거기에 조금이라도 벗어나는 학문은 배척당하거나 무

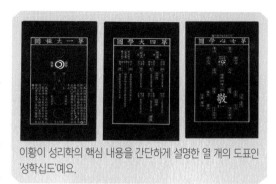

이황이 성리학의 핵심 내용을 간단하게 설명한 열 개의 도표인 '성학십도'예요.

시되었어요. 또 명분이 어떻고, 본성이 어떻고, 예절이 어떻고 하는 걸로 학자들끼리 치열하게 논쟁하며 다투었지요.

그런데 그게 정말 그렇게 중요한 것이었을까요? 적어도 백성들 입장에서는 뜬구름 잡는 이야기였을 거예요. 전쟁으로 나라가 엉망이 되고 가뜩이나 먹고살기 힘든데, 백성들한테 실제로 도움이 되는 이야기를 더 치열하게 해야 하는 거 아닐까요?

"학문은 세상을 다스리는 데에 실질적으로 보탬이 되는 것이어야 한다."

17~18세기에 들어서 비로소 이런 주장을 하는 학자들이 눈에 띄기 시작했어요. 실제로 쓸모가 있는 학문, 바로 '실학'이 등장한 거예요.

"하늘에서 본다면 어찌 중심이니 주변이니 하는 것이 따로 있겠는가? 중국이나 오랑캐나 매한가지다."

18세기 후반에는 이런 주장을 하는 이가 나타났어요. 바로 홍대용이라는 실학자예요.

홍대용은 명문가 출신으로 그의 조상과 집안사람들이 대대로 높은 관직에 올랐어요. 홍대용도 과거를 준비하긴 했지만 시험에 합격하지는 못했어요. 출세하기 위한 시험공부에는 그다지 흥미를 못 느꼈기 때문이었을 거예요. 그는 새로운 지식에 대한 호기심이 많고 여러 방면에 걸쳐 깊이 있게 학문을 연구했어요. 특히 천문학, 수학, 과학 기술 같은 것에 큰 관심을 가지고 있었지요. 혼천의와 자명종을 몇 년에 걸쳐 직접 만들고, 개인적으로 천문대를 설치할 정도였으니까요.

"연경으로 가는 길, 평생의 소원이 하루아침에 이루어졌도다! 벅찬 마음이 미친 듯이 노래를 쏟아 내는구나."

우아, 청나라의 앞선 문물들을 모두 배워 가야겠구나!

연경은 청나라의 수도인 북경을 말해요. 서른다섯 살의 홍대용은 그토록 바라던 청나라 여행을 떠나게 되었어요. 사신으로 가는 숙부를 따라 사절단의 수행원으로 가게 된 거지요.

홍대용은 청나라의 발전된 모습을 눈으로 확인하고 감탄을 금치 못했어요.

"규모는 크고 솜씨는 세밀하다."

홍대용은 북경 천주당에서 서양 선교사들을 만나 서양의 문물과 기술, 과학에 대해 물었어요. 또, 우연히 만난 청나라 선비들과 깊이 교류하며 사상을 넓히고, 평생에 남을 드문 우정을 키웠지요. 이들과 나눈 필담, 그러니까 글로 써서 주고받은 이야기는 60일간의 북경 여행 기록과 함께 책으로 묶였어요. 《을병연행록》이라고 하는데, 이 책이 조선의 지식인들을 새로운 세상에 눈뜨게 만들었지요. 특히 박지원, 박제가, 유득공, 이덕무 등 이른바 '북학파'라고 불리는 실학자들에게 큰 영향을 미쳤어요.

"청나라의 앞선 문물을 모조리 배워서 조선 백성들을 이롭게 하는

유형원의 반계수록
많은 실학자들에게 영향을 주어, '실학의 선구자'라고 불리는 유형원은 농촌에서 직접 농민들의 삶을 관찰하며 농민들의 어려움을 해결하는 방법을 찾으려 노력했어요. 농사를 짓는 데 가장 중요한 토지 제도가 농민을 갈수록 힘들게 하고, 양반들의 배만 불리는 수단이 되어 갔기 때문에 유형원은 토지를 모두 나라가 소유한 다음 농민들에게 공평하게 나누어 주자며 토지 개혁을 주장했어요. 하지만 유형원의 토지 개혁안은 국가의 정책으로 채택되지 못했지요.

조선의 실학자 박지원이 쓴 시문집 《연암집》이에요. '연암'은
박지원의 호예요.

것이 먼저요."

홍대용과 돈독한 사이였던 박지원은 뒤에 청나라를 다녀와서 그렇게 말했어요. 저들이 얼마나 윤택하게 잘사는지,

그에 비해 조선은 얼마나 우물 안 개구리인지 뼈아프게 깨달은 거지요. 그 이야기는 《열하일기》에 아주 생생하게 담겨 있어요.

박지원은 수레를 쓰자고 주장했어요. 수레를 쓰려면 길을 잘 닦아야겠지요? 물자를 가득 실은 수레가 잘 닦인 길로 바삐 오가는 것, 바로 유통을 활발히 하자는 뜻이에요. 물길에서도 유통을 위해 선박을 잘 이용하자고 했고, 화폐를 써서 상업을 발달시키자고 했어요.

박지원의 제자인 박제가는 홍대용의 청나라 여행기에 어찌나 흠뻑 빠졌는지, 밥 먹다가 숟가락질도 잊고 세수하다가 얼굴 씻기를 잊을 정도였다고 해요. 결국 박제가도 청나라에 다녀왔고 《북학의》를 써서 청나라 문물을 적극적으로 받아들이자고 주장했지요. 그중에 특히 눈에 띄는 주장은 절약보다 소비를 해야 한다는 것이에요.

"재물은 샘과 같아서 퍼내면 차고, 버려두면 말라 버리지요. 비단옷을 입지 않으면 옷감 짜는 사람은 일이 없어지고, 쭈그러진 그릇을 안 버리고 계속 쓰면 그릇 장인은 뭘 해서 먹고산답니까? 물건을 사서 쓰고 돈이 돌아야 모두 가난해지는 일이 없습니다."

어때요, 맞는 말 같지 않나요?

북학파인 유득공은 《발해고》라는 책으로도 유명한데, 발해의 역사를 담은 이 책에서 '남북국 시대'라는 말을 처음 썼어요. 남쪽에는 신라, 북쪽에는 발해가 있던 시대라는 거지요. 한반도 중심으로만 우리 역사를 보던 것에서 벗어나 만주 지역까지 그 시야를 넓힌 거예요. 그의 노력 덕분에 지금 우리도 발해를 잊지 않고 우리 역사로 당당히 이야기할 수 있는 거랍니다.

이 시기에는 우리 역사뿐만 아니라 우리의 땅, 우리말 등을 연구하는 움직임도 활발했어요. 이런 학문을 '국학'이라고 하지요. 또, 박학다식한 실학자들이 백과사전 같은 책을 많이 펴냈는데, 이덕무가 그 대표적인 인물이에요. 이덕무는 스스로 '책만 보는 바보'라고 했어요.

각자의 연구에 힘쓰면서도 이들 북학파는 서로의 생각을 주고받으며 뜻을 함께하고 마음을 나누었어요. 이들이 북학의 길로 나아갈 수 있었던 건, 앞서 첫발을 내디딘 홍대용이 있었기 때문일 거예요. 그런데 홍대용의 학문과 사상은 북학을 훨씬 뛰어넘는 것이었어요.

조선 시대 과학 유물인 '간평의'예요. 원반 모양으로 된 놋쇠판 앞뒤에 별자리와 24절기, 밤 시간의 5경 등이 표시되어 있어요. 홍대용이 중국에 다녀온 후 만든 우리나라 최초의 간평의는 현재 전해지지 않아요.

"땅은 둥글고 돈다네. 이 지구가 중심에 있다고 생각하나? 하늘에 가득 찬 별들은 모두 하나의 세계이며, 지구 또한 수많은 별 가운데 하나일 뿐이라네. 헤아릴 수 없이 무한한 별들이 우주에 흩어져 있는데, 오직 지구만이 우주의 중심에 있다는 건 있을 수 없는 일이지."

홍대용은 뛰어난 천문 지식을 바탕으로 세상을 꿰뚫어 보았어요.

"우주는 사방의 구분이 없거늘 어찌 위아래가 있겠는가? 어느 별이든 스스로 중심이 될 수 있으니,

끝없는 우주에는 중심과 주변이 따로 없다네."

그의 남다른 통찰은 화이론과 같은 낡은 생각을 뿌리째 흔들고 중심과 변두리, 귀한 것과 천한 것의 구분조차 무의미하게 만들었어요. 실제로 그는 문벌제도를 없애야 한다고 했어요. 신분에 관계없이 누구나 똑같이 교육 받고, 똑같이 일을 해야 한다고 주장했지요.

홍대용이 우주를 이야기한 건 결국 평등한 세상을 이야기하고 싶었던 것 아닐까요? 보다 평등하고 열린 세상을 바라는 마음으로 까만 하늘 속 총총한 별들을 바라보지 않았을까요?

신도시 화성을 건설한 정약용

유형원과 같이 농민의 생활을 중요하게 여기고 토지를 개혁해야 한다고 주장한 실학자 중의 한 사람이 바로 정약용이에요. 유형원이 실학의 선구자라고 한다면 정약용은 실학의 최고봉이라고 할 수 있어요. 스물여덟의 나이로 과거에 오른 정약용은 당시의 왕이었던 정조가 무척 아끼는 신하였어요. 그는 오랫동안 다양한 벼슬자리에 머물면서 수학, 건축, 지리, 의학, 과학 등 두루두루 관심을 두며 다양하게 학문을 넓혔지요.

수원 화성은 정약용이 설계를 맡아 여러 서양의 건축을 참고하며 당시의 최첨단 과학 기술로 만든 최고의 성곽이에요. 사진은 수원 화성의 팔달문이에요.

정약용이 했던 중요한 일 중의 하나는 정조가 계획했던 신도시 화성 건설에서 큰 역

무거운 물건을 들어 올리는 데 쓰던 거중기예요.

할을 맡은 것이었어요. 정약용은 화성의 성곽을 쌓는 방법과 시설들을 계획했어요. 그리고 성곽을 쌓기 위해 아주 무거운 물건도 적은 힘으로 쉽게 들어 올릴 수 있는 거중기를 만들어 성 쌓는 데 사용했지요.

현재 경기도 수원에 남아 있는 수원 화성은 돌과 벽돌을 함께 써서 정교하게 쌓은 성으로, 세계 문화 유산으로 지정되었어요.

사람이 곧 하늘이다

　실학이 등장한 이후 조선 사회에는 많은 변화가 일어났어요. 농촌에서는 새로운 농사법이 등장하여 농작물 재배가 늘어났고, 전국 곳곳에 물건을 사고파는 시장이 많이 생겨났지요. 또 한글 소설, 판소리, 탈춤 등 서민도 즐길 수 있는 서민 문화가 발달했어요. 하지만 오랫동안 계속되어 온 관리들의 부정부패와 억울한 세금 수탈에 참다 못한 농민들은 여기저기서 들고일어났고, 저항은 불꽃처럼 번져 나갔어요. 이후 조선의 개항을 요구하며 침략해 온 프랑스, 미국, 일본 등의 외세에 나라의 문을 열면서, 조선은 외세로부터 나라를 지키자는 목소리와 외국의 것을 받아들여 사회를 개혁하자는 목소리가 힘겨루기를 했지요. 그러다 나라를 구하고 백성을 편안하게 하자는 거대한 움직임, 바로 동학 농민 운동이 일어나게 되었어요.

　19세기에는 나라 곳곳에서 많은 농민들이 들고일어났어요. 권력을 가진 자들은 힘없는 백성들로부터 너무나 많은 것을 빼앗았거든요. 고혈을 짜낸다는 말이 있어요. 사람의 기름과 피를 짜낸다는 말인데, 힘 있는 자들이 백성을 수탈하는 게 꼭 그와 같았어요.

　임술년인 1862년, 전국 70여 곳에서 농민들이 세차게 일어났어요. 그 뒤에도 크고 작은 농민 봉기가 끊이지 않았지요. 하지만 백성들이 아무리 떼 지어 목소리를 높여도 나라에서는 근본적인 대책을 내놓지 못했어요. 그러는 가운데 정치와 사회에 대해 깨어난 농민들의 의식은 더욱 강해졌지요.

　1894년 전라도 고부에서 농민들이 들고일어났어요. 당시 고부에는 조병갑이라는 군수가 있었는데, 그는 탐욕스럽고 악독하기가 그지없었어요. 큰 가뭄이 들어도 세금을 줄여 주기는커녕 도리어 몇 갑절이나 더 거두어들였고, 버려 둔 거친 땅을 기껏 일구면 가을에 냉큼 곡식을 뜯어 갔어요. 조병갑은 제 아버지를 기리는 비석을 세운다며 백성에게 그 비용을 거두었고, 행실이 나쁘다느니 화목하지 않다느니 하는 구실로 죄를 씌워 어떻게든 재물을 빼앗았지요.

또, 만석보라는 게 큰 문제가 되었는데, 이미 저수지가 있는데도 농민들을 강제로 불러다가 새로 보를 쌓게 한 거예요. 품삯은 한 푼도 주지 않고 말이에요.

"여기서 끌어다 쓰는 물은 세금을 매기지 않겠다."

조병갑은 약속했지만 힘든 공사 끝에 보가 완성되자 언제 그랬냐는 듯이 물세를 거두었어요. 농민들이 항의해도 돌아오는 건 매질뿐이었지요.

"조병갑의 횡포에 다 죽고 말 거요.

사람이 곧 하늘이라 했소.

이제 더 짓밟힐 것이 무엇이오!"

작지만 다부진 모습의 전봉준이 사람들에게 말했어요. 그는 상복을 입고 있었어요. 그의 아버지는 조병갑에게 농민들의 억울함을 하소연하러 갔다가 심하게 매를 맞고 죽었다고 해요.

더 이상 이렇게 당하고 살 수는 없다. 자, 함께 갑시다!

전라북도 정읍시에 있는 말목장터와 감나무 자리로, 1894년 농민 수천 명이 고부 관아로 가기 위해 모였던 곳이에요. 동학 농민 운동 당시의 중요한 거점지가 되었던 곳이지요.

전봉준은 무기를 들고 농민들과 함께 관아로 향했어요. 죽창과 몽둥이를 든 농민군 속에는 동학을 믿는 사람들이 섞여 있었어요. 전봉준은 동학의 지도자이기도 했거든요.

농민군이 고부 관아로 들이닥치자 조병갑은 도망가 버렸어요. 농민군은 억울하게 감옥에 갇힌 사람을 풀어 주고, 관아에 있던 무기를 차지했지요. 그리고 억울하게 빼앗겼던 곡식을 농민들에게 돌려주었고, 문제의 만석보는 허물어 버렸어요.

새로 온 군수는 농민들을 달래며 앞으로 잘할 테니 안심하라고 했어요. 그런데 사태를 수습하러 온 안핵사가 일을 더 키우고 말았지요.

"모든 잘못은 동학의 무리에게 있다. 그들을 찾아내서 반드시 책임을 묻겠다."

안핵사 이용태는 온 고을을 들쑤시며 닥치는 대로 사람을 잡아들였어요. 부하들을 시켜 사람을 마구 때리고 재산을 빼앗았으며, 집을 불태웠지요. 심지어 부녀자를 괴롭히고, 관계없는 사람까지 동학도로 몰아 처벌했어요.

"일이 이 지경에 이르렀으니 어찌 참을 수가 있겠소? 나라를 돕고 백성을 편안하게 합시다! 포악한 것을 물리치고 백성을 구합시다! 다시 떨쳐 일어섭시다!"

전봉준은 다른 지역의 동학 지도자들에게도 알려 힘을 모았어요.

드디어 각지에서 수많은 농민군이 모여들었어요. 어릴 때 워낙 작아서 '녹두'라고 불리던 전봉준은 이제 '녹두 장군'이 되었지요. 동학 농민군은 황토현에서 관군을 크게 물리쳤어요. 곧이어 전라도 지역을 차례로 장악하더니 전주성까지 점령해 버렸어요. 결국 정부는 농민군에게 화해의 손길을 내밀었어요. 농민군은 나쁜 정치를 뜯어고쳐야 한다며 여러 가지 개혁해야 할 것들을 주장했지요. 그리하여 정부와 농민군은 전주에서 화약을 맺었어요. 이 약속에 따라 전라도 각 지역에는 '집강소'라는 자치 기구가 설치되었어요. 여기서 농민들은 스스로 개혁을 추진할 수 있게 된 거예요.

그런데 앞서 정부는 청나라에 군대를 요청해 둔 상태였어요. 동학 농민군을 관군의 힘으로는 누를 수 없으니까 외국의 힘을 빌리려고

> **농민들이 여러 지역에서 들고 일어난 이유**
> 각 지역의 농민들이 하나같이 들고 일어난 이유는 가혹한 세금 때문이었어요. 당시는 지방마다 내야 할 세금이 일정하게 정해져 있어서, 그 세금을 충당하기 위해 세금을 내지 않아도 될 어린아이에게까지 세금을 매기는가 하면, 필요하지도 않은 쌀을 억지로 꾸어 주고는 비싼 이자를 받아 냈어요. 게다가 세금을 거두는 관리들이 세금을 빼돌리는 일이 허다했지요.

전라북도 정읍시에 있는, 녹두 장군 전봉준의 생가예요.

한 거지요. 청나라 군대가 조선에 들어오자 일본 군대도 따라 들어왔어요. 일본은 청나라와 맺은 조약을 핑계로 군대를 보냈지만 실은 청나라를 몰아내고 조선을 삼키려는 속셈이었어요. 일본군은 경복궁으로 쳐들어와 점령하고, 조선에서 청일 전쟁을 일으켰어요.

"일본은 청나라뿐 아니라 조선을 삼키려고 할 거요. 어찌 가만히 지켜보고만 있겠소!"

동학 농민군은 일본군의 침략을 막기 위해 다시 무기를 들었어요. 전라도와 충청도의 농민군이 힘을 합쳐 대대적으로 일본군과 맞서 싸웠지요. 하지만 농민들이 뛰어난 무기를 갖추고 체계적인 전투 훈련을 받은 일본군을 상대하기란 너무나 버거운 일이었어요. 일본군 한 명이 농민군 백 명을 상대하고도 남았다고 하니 상상이 되나요? 조선의 관군마저 일본군 편에서 농민군에게 총을 겨누었다고 해요.

　동학 농민군은 끈질기게 싸웠지만 공주 우금치에서 크게 패했어요. 그 뒤에도 곳곳에서 싸웠으나 모두 지고 말았지요. 일본군의 총칼 아래 적어도 수만 명의 농민군이 목숨을 잃었다고 해요. 후퇴한 전봉준이 붙잡혀 재판 뒤에 처형되면서, 동학 농민 운동도 끝이 났어요. 그리고 사람들의 입에서 입으로 이런 노래가 불리었지요.

　새야 새야 파랑새야 녹두밭에 앉지 마라
　녹두 꽃이 떨어지면 청포 장수 울고 간다

떨어진 녹두 꽃을 보고 우는 청포 장수처럼, 얼마나 많은 백성이 눈물을 흘렸을까요? 이름 없는 들풀 같던 농민들은 역사의 들불이 되어 타올랐다가 스러졌어요. 그런데 오랫동안 역사는 동학 농민군을 역적이라고 했어요. 자기 손으로 힘써 땅을 일구고도 늘 빼앗기기만 했던 사람들, 그럼에도 나라를 구하려고 그 땅에 피를 뿌린 사람들. 그들이야말로 역적이 아닌, 이 땅의 진짜 주인이 아니었을까요?

새로운 민족 종교, 동학

동학은 1860년, 최제우가 만든 민족 종교예요. 당시는 서양의 종교였던 천주교가 '서학'이라는 이름으로 널리 퍼지고 있을 때였어요. 최제우는 서학에 대결한다는 뜻으로 새로 만든 종교의 이름을 '동학'이라고 정한 거예요.

동학에는 유교나 불교뿐 아니라, 민간의 신앙들도 담겨 있어요. 또 서학의 좋은 점들도 받아들였지요. 동학에서는 '사람이 곧 하늘'이라는 인내천(人乃天) 사상을 중요하게 여겼어요.

사람을 하늘처럼 섬기라는 가르침은 모든 사람이 존중받아 마땅하고, 모두가 평등하다는 생각을 바탕으로 하고 있었어요. 그러니 백성들은 이런 동학의 사상을 반길 수밖에 없었지요.

동학이 꿈꾸는 세상은 신분 차별도 없고 노비 제도도 없으며, 여자나 어린이 같은 약한 사람들도 존중받는 사회였어요. 하지만 나라에서는 동학이 백성들을 현혹하는 위험한 종교라고 생각했어요. 그래서 세상을 어지럽혔다는 죄로 최제우를 처형하고 동학을 탄압했지요. 이러한 탄압 속에서도 동학은 꾸준히 세력을 키워 널리 퍼져 나갔고, '천도교'라는 종교로 오늘날까지 이어지고 있어요.

현재 서울 종로구에 있는 천도교 건물로, '천도교중앙대교당'이에요. 3대 교주인 손병희가 건립을 계획했지요.

대한 독립 만세!

　동학 농민 운동이 일어난 다음 해에 고종 황제의 왕비인 명성 황후는 일본의 자객에 의해 죽고 말았어요. 그 후, 러시아 공사관으로 피신했던 고종은 1897년 경운궁으로 돌아와 나라 이름을 '대한 제국'으로 바꾸고 자주적인 근대 국가를 세우려고 했어요. 하지만 1910년 일본과 한일 병합 조약을 맺으면서 대한 제국은 일본의 지배를 받는 식민지가 되고 말았어요. 그렇게 1910년부터 1945년까지 일제의 지배를 받게 된 거예요. 그러나 일제 식민지 하에서도 나라를 지키고자 하는 움직임은 끊이지 않았지요. 1919년, 나라를 잃은 서러움과 분노로 하나 된 온 나라의 국민이 일본을 향해 대한 독립 만세를 외치는 3.1 운동이 일어났어요.

우리나라에 모두 다섯 개의 국경일이 있는 것을 알고 있나요? 국경일이란 나라의 경사스럽고 뜻깊은 일을 기뻐하는 날이에요. 삼일절, 제헌절, 광복절, 개천절, 한글날이 그런 날이에요. 그중에서 가장 먼저 찾아오는 국경일이 바로 3월 1일 삼일절이지요. 그날을 왜 기쁘게 맞이하고 기념하는 걸까요? 그저 하루 쉬는 '빨간 날'로만 여기기엔 잊지 말아야 할 많은 이야기와 의미가 있거든요.

1919년 3월 1일 한낮에 서울 탑골 공원으로 수많은 학생과 시민들이 몰려들었어요. 오후 두 시가 되자 한 청년이 팔각정 단상에 올라 품에 있던 종이를 꺼내 활짝 펼쳐 들었어요. 그리고 기다리는 수천 명의 군중을 향해 크게 소리 내어 읽기 시작했지요.

독립 선언서
우리는 이에 조선이 독립한 나라임과 조선인이 자주적인 민족임을 선언하노라.

이로써 세계 모든 나라에 알리어 인류 평등의 큰 도리를 똑똑히 밝히며, 자손만대에 깨우쳐 주어 민족이 자기 힘으로 살아가는 정당한 권리를 영원히 지니어 누리게 하노라. ……

독립 선언서를 다 읽자 '와아' 하는 함성이 터지고, 학생들이 모자를 벗어 높이 던져 올렸어요.

"대한 독립 만세! 만세!"

사람들이 거리로 나와 태극기를 흔들며 행진했어요. 그 숫자는 점점 불어나 도시 전체를 하얀 물결로 뒤덮었지요. 수십만 명이 시위에 참가했지만 누구 하나 폭력을 쓰지 않고 질서 있게 움직였어요. 물론 한마음으로 외치는 만세 소리는 땅을 뒤흔들고 하늘을 찌르는 것 같았지요.

일제는 몹시 놀라고 당황했어요. 진짜로 어디서 조선의 독립을 결정하기라도 한 건가 의심할 정도였다고 하니 말이에요. 그만큼 엄청난 규모로 쏟아져 나와 기쁘고 당당하게 만세를 외친 거예요. 그러나 일제는 곧 마구잡이로 총칼을 휘둘렀어요. 평화적인 만세 운동을 대하는 그들의 방식은 무자비한 폭력이었지요. 지난 10년 동안 조선 사람들에게 그래 왔듯이 말이에요.

일제는 1910년에 우리나라의 통치권을 빼앗아 식민지로 삼았어요. 이미 1905년에 강제로 을사늑약을 맺어 외교권을 빼앗고, 1907년에는

1909년 이토 히로부미를 총으로 쏜 안중근 의사는 여순감옥에 수감되어 1910년에 순국하였지요.

을사늑약이 무효임을 주장하며 헤이그에 밀사를 보낸 고종을 강제로 물러나게 했어요. 또, 일본인 관리를 정부의 중요한 자리에 두어 정치를 장악하고, 군대를 해산해 버렸어요. 전국에서는 의병이 일어나 격렬하게 싸웠지만 일본의 힘에 눌리고 말았지요. 그렇게 모든 권리와 힘을 차례로 빼앗긴 조선은 일본 제국주의의 식민 지배를 받게 된 거예요.

일제는 헌병 경찰을 앞세워 조선을 다스렸어요. 군인을 단속하는 군사 경찰이 총칼로 일반인들을 다스렸으니 얼마나 위협적이고 무서웠겠어요? 그들은 재판 없이도 직접 벌을 줄 수 있는 권한이 있었거든요. 조금이라도 눈 밖에 나면 당장 끌려가서 벌을 받게 되니, 헌병 경찰 앞에서는 꼼짝 못 하게 되는 거지요. 또, 작은 잘못에도 태형이라는 벌을 내려서 매를 치는 등 조선 사람들을 아주 모질게 다루었어요. 오죽했으면 우는 아이한테 '순사 온다!'고 하면 울음을 뚝 그친다고 했을까요. 학교 선생님마저 제복을 입고 긴 칼을 차고서 학생들을 가르쳐야 했지요.

이렇게 무력을 내세워 다스리는 걸 '무단 통치'
라고 해요. 1910년대 무단 통치로 우리 민족은 기
본적인 자유를 빼앗기고 숨죽여 살아야 했어요.
독립운동에 대한 탄압이야 말할 것도 없었지요.
일제는 독립운동가를 찾아내서 잡아 가두어 고
문하고 처형했어요. 심지어 없는 일까지 거짓으로
꾸며서 민족 운동가 수백 명을 잡아들였지요. 한
마디로 나라 전체가 하나의 큰 감옥이나 다름없었어요.

"각 민족은 다른 민족의 간섭을 받지 않고 스스로 정치적 운명을 결
정할 권리가 있다."

제1차 세계 대전이 끝날 무렵에 미국의 윌슨 대통령이 '민족 자결주
의'를 주장했어요. 이건 식민 지배를 받는 나라들에게 큰 희망을 주는
것이었어요. 우리나라 역시 민족 자결주의를 바탕으로 이 기회에 독
립을 이루어야 한다고 생각했어요. 나라 안팎에서 자주독립을 향한
움직임이 있었는데, 1919년 2월 8일 일본 도쿄에서 한국인 유학생들이
모여 독립 선언서를 발표한 거예요.

"우리 유학생들이 조선의 독립을 당당히 요구했다 하오. 그것도 저
일본의 심장부에서 말이오. 우리도 한뜻으로 나서야 하지 않겠소?"

국내에서의 독립운동 준비도 더욱 속도를 내게 되었지요. 동학에서
이름을 고친 천도교와 기독교, 불교 등 종교계 지도자들이 뜻을 모아

서 독립 선언서에 민족 대표 33인으로 이름을 올렸어요. 학생 대표들도 각 학교의 학생들을 모아 독립운동에 함께하기로 했어요.

3월 1일로 날짜를 정한 것은 3월 3일이 고종의 국장, 즉 장례를 치르는 날이었기 때문이에요. 고종은 그해 1월에 갑자기 세상을 떠났는데, 일본에게 독살당했다는 소문이 파다했어요. 사람들은 고종의 죽음에 충격을 받고 몹시 분노했어요. 그동안 억눌렸던 백성의 설움이 불씨만 닿으면 확 터질 것 같았지요. 이런 분위기 속에 고종의 장례에 참여하려고 각지에서 많은 사람들이 모여들었어요. 대대적인 민족 운동을 일으킬 때가 무르익은 거예요.

민족 대표들은 태화관에 모여 독립 선언서를 읽고 우리 민족의 자주독립을 선언했어요. 같은 시각 탑골 공원에서도 선언문 낭독 후 만세 운동이 힘차게 일어났어요. 3·1 운동은 그렇게 시작된 거예요.

만세 운동은 전국의 도시로 퍼지고, 곧이어 농촌 곳곳으로 퍼져 나갔어요. 학생, 종교인뿐만 아니라 상인, 노동자, 농민 등 여러 계층의 다양한 사람들이 시위에 참여했지요. 비폭력 시위였던 만세 운동은

미국 대통령 윌슨이 내세운 '민족 자결주의'
한 나라의 운명을 그 민족 스스로 결정할 권리가 있으며, 어떤 민족이라 해도 독립을 바란다면 독립시켜야 한다는 주장이었어요. 이 민족 자결주의가 3.1 운동에 영향을 주었고, 국민들에게 희망을 가지게 해 주었지요.

차츰 무력을 쓰는 저항 운동으로 변해 갔어요. 헌병 주재소, 면사무소 같은 식민 통치 기관이나 친일 지주 등을 습격하는 식으로 말이에요. 또, 만세 운동은

1919년 3·1 운동 때 한국의 독립을 전 세계에 선포한 독립 선언서예요. 최남선을 시작으로 민족 대표 33인이 서명하였지요.

국내뿐 아니라 만주와 연해주, 중국, 미국, 일본 등 나라 밖에서도 일어났어요.

일제의 무자비한 탄압에도 만세 운동은 5월까지 이어졌어요. 만세 시위에 참가한 사람은 총 200여 만 명에 이르렀고, 시위 횟수는 1,500여 차례나 되었어요. 전국의 거의 모든 지역에서 대한 독립 만세를 외쳤고, 한 지역에서 여러 번 일어난 경우도 셀 수 없이 많았어요. 만세 운동을 하다가 일본 경찰과 군인에게 죽임을 당한 사람은 7천 5백여 명, 부상을 입은 사람은 약 1만 6천 명, 체포된 사람은 약 4만 6천 명이었다고 해요. 3·1 운동의 규모가 얼마나 컸는지, 또 얼마나 많은 사람들이 희생하고 용기를 냈을지 가늠이 되나요?

3·1 운동으로 바로 독립을 이루지는 못했지만 나라 안팎에 큰 변화가 일어났어요. 일제는 통치 방식을 바꾸어 이른바 '문화 정치'라는 걸 내세웠지요. 우리 민족을 계속 힘으로만 억눌러서는 안 되겠다고 판단한 거예요. 또, 3·1 운동 이후 세계의 여론이 일본을 비난하는 것도

부담스러웠을 거예요. 일제는 헌병 경찰을 보통 경찰로 바꾸고, 태형을 없앴으며 조선인이 신문을 펴내는 것도 허락했어요. 하지만 실제 경찰의 수는 더 늘어났고, 신문 기사도 미리 살펴서 통제하는 등 억압하는 건 여전했어요. 겉으로는 조선인에게 자유를 주는 척하면서 실은 잘 달래어 친일파를 길러 내고, 조선인을 하나로 뭉치지 못하게 하려는 속셈이었지요. 그만큼 3·1 운동으로 터져 나온 우리 민족의 힘이 그들에게는 충격이었던 거예요.

3·1 운동을 통해 우리 민족은 보다 조직적으로 독립운동을 이끌 중심이 필요하다고 느꼈어요. 그리하여 상하이에 대한민국 임시 정부를 세웠지요. 만주에서는 독립군 부대가 크게 활약해 봉오동 전투와 청산리 싸움 등에서 일본군을 크게 무찔렀어요.

3·1 운동은 우리 민족의 독립운동을 한 단계 끌어올리는 계기가 되었어요. 독립에 대한 희망과 자신감을 심어 주고, 우리 민족의 힘과 의지를 스스로 깨닫게 한 것이지요.

'진관사라는 절에서 발견된 태극기예요. 진관사의 스님이 독립운동에 가담했을 것으로 추정되는 자료예요.

3·1 운동 이후에도 일제의 식민 지배는 계속되었고, 우리 민족은 오랫동안 힘겨운 시기를 보내야 했어요. 그렇다면 3·1 운동은 실패한 운동이었을까요? 3·1 운동을 비롯해 오랜 탄압 속에서도 끈질기게 이어진 모든 독립운동은 결코 헛되지 않았어요. 그 모든 희생과 싸움이 나라를 되찾는 밑거름이 되었기 때문이에요.

1945년 8월 15일 마침내 우리나라는 광복을 맞이했어요.

"대한 독립 만세!"

이 우렁찬 소리가 다시 한 번 온 나라에 뜨겁게 울려 퍼졌답니다.

35년 만의 광복, 다시 찾은 자유

우리나라가 일제 식민지 하에 있던 때, 세계에서는 강대국들끼리 힘겨루기를 하던 2차 세계 대전이 벌어지고 있었어요. 2차 세계 대전은 인류 역사상 가장 큰 피해를 남긴 참혹한 전쟁이었지요. 이때 일본도 2차 세계 대전에 뛰어들면서, 조선을 전쟁 기지로 삼고 전쟁에 필요한 물자와 병력들을 마구잡이로 빼앗고 징집했어요. 전쟁에 필요한 군사 시설을 짓고 지하자원을 캐는 데 강제로 끌려간 조선인들은 제대로 먹지도 입지도 못하는 감옥과 같은 곳에서 죽을 때까지 일해야 했고, 조선의 젊은 학생들까지 강제로 징집해서 자신들의 전쟁터로 내몰았어요. 게다가 어린 소녀와 처녀들을 '일본군 위안부'라는 이름으로 끌고 가 일본군의 노리개로 삼았지요. 그러나 1945년, 일본과 싸우던 미국이 일본에 원자 폭탄을 터뜨리면서 일본은 무조건 항복하겠다며 두 손을 들었어요. 일본의 항복과 동시에 35년 간 억압되어 있던 조선은 드디어 해방을 맞이했어요. 식민지 하에 고통 받던 국민들은 모두 거리로 나와 만세를 부르며 자유를 꿈꾸었지요.

독립운동가 윤봉길의 유품이에요. 윤봉길은 1932년 홍커우 공원에서 일본 천황의 생일을 축하하는 자리에 폭탄을 던졌지요.

일제 강점기에 많은 독립운동가가 수감되었던 옛 서대문 형무소의 전경이에요.

딱 한마디 한국사 인물
찾아보기